ロングセラー新装版

斎藤一人 人生楽らくセラピー

舛岡はなゑ

ひとり

ロング新書

はじめに

人は愛と光
曼荼羅《まんだら》は無限の宇宙
成功はやすらぎ
人生は波動

この詩は、一二年連続・全国高額納税者番付ベスト一〇入りを果たし、番付発表を終えた平成一六年までの納税総額一七三億円という記録（日本新記録）を打ち立てた〝ある人物〟から贈られたものです。

その人の名は、斎藤一人さん。

一人さんは心の楽しさと経済的豊かさを両立させるための著書をたくさん出していますから、みなさんのなかにもご存知の方がいらっしゃるかもしれませんね。

ところで、冒頭に紹介した詩のことですが、ちょっと意味不明でしょ。だけど、なんだか意味ありげ。

そう、実はあの詩には人生のすべてが語られています。

たった二七文字のなかに、しあわせに生きるコツ、人生の成功法則がギュギュギューっと凝縮されています。

ただし、あの詩の意味を理解しよう、解釈しようと努力する必要はありませんよ。

頭で考えることに、あなたの大切な時間とエネルギーを注ぐのは実にもったいないことです。

それよりも、まず苦労するのをやめてください。

そして、今よりもっと、もっと、しあわせになってください。

そうすれば、あなたは、あの詩を体現したことになります。

では、どうしたら苦労をやめられるのか。

どうしたら、今よりもっとしあわせになれるのか。

そのノウハウをひっくるめて、私は「人生楽らくセラピー」と名づけました。

これから「人生楽らく」の世界について、お話させていただきます。どうぞ、楽しんでお読みください。

舛岡　はなゑ

CONTENTS

●本文イラスト／仲野みゆき

1

苦労をやめてください

●苦労は買ってするほど価値があるのでしょうか？

昔から「苦労は買ってでもしろ」といいます。

でも、私はこの言葉が信じられません。

苦労にお金を払うほどの価値があるのでしょうか。

もし、本当にあるのだとしたら、「苦労を売ってください」という人がいてもおかしくないはずです。でも、私は二〇数年商人をしていますが、今までにそういうお客さんと会ったことがありません。

最近、うっかりお客さんに苦労を売ってしまった方たちのことがニュースになっていますが、買ったお客さんはその人たちに対して「けしからん」と怒っていますよね。それはなぜですか？

お客さんは「損をした」と思っているからです。

やっぱり、苦労はロクなものではないのです。

苦労が〝しあわせ行き〟の切符なら、地球人は全員しあわせなはずです

しあわせは、苦労と引き換えにやってくるもの。

そんなふうに思っている人が多いのですが、それは本当なのでしょうか。

私は「それは違う」と考えています。

たとえば、江戸時代、お百姓さんは大変な思いをしてお米を作って、作ったお米はほとんど年貢でとられて、お腹いっぱい食べられませんでした。

「お腹いっぱい食べたいなぁ」と思いながらガマンして働いて、それで一生が終わったのです。

はっきり、いわせていただきます。

苦労の後に待っているものは、しあわせではありません。

苦労です。

人生うまく行かない、ツイてない
それは、あなたが苦労をしているからです

特別すぐれた能力があるわけではなく、血のにじむような努力もしていなさそうなのに、いつも〝いいこと〟しか起きない人がいます。

そういう人は、見るからに「私は苦労を知りません」という顔をしています。

実際、いつでも、どこでも、何をしても楽しくて、ハッピーです。何か問題が起こっても、なぜか、都合よくものごとが回り出して、想像以上のハッピーラッキーが舞い込んできます。

その一方で、実力もあって必死に努力しているのに、なかなか努力が報われない人もいます。

努力が報われない人と、いつも〝いいこと〟しか起きない人。この違いは、いったい何なのでしょう。

それは学歴や年齢、実力の違いではありません。

「どの方向を向いて歩いているか」

ということだけなのです。

たとえば、東京から大阪へ行こうと思ったら、東海道新幹線に乗れば楽に行けますよね。

ところが、努力が報われない人はそうではないのです。

わざわざ東京から日本海側へ出て大阪に向かってみたり、もっとチャレンジャーな人だと、東京から東のほうを向いて、地球をグルっと一周して大阪に行くとか。

要するに、難しくて複雑なルート、もっというと、苦労するようなことをしているのです。

●楽しく顔晴《がんば》れば、人生、うまく行きます

今よりもっと、しあわせになりたいから、必死に頑張ります——それで人生がうまく行っているのなら、何もいうことはありません。

でも、世間で必死に頑張っている人の顔を見てみてください。

眉間にシワを寄せてこわい顔をしていたり、疲れた顔をしていたり、いずれにしろ、楽しそうには見えないでしょう。

楽しそうに見えない、ということは、楽しくない。

楽しくないのは、やりたくないことを嫌々やっているか、むくわれない努力をしているからです。

そんなあなた、それで、本当にいいのですか?

他にも、「楽しく顔晴《がんば》る」という選択肢があるのですよ。

ちなみに「顔晴る」とは、太陽のように光り輝いて、晴ればれとした顔をして生きるということ。

顔晴るって、難しいことではありません。楽しいことをすればいいのです。そうすれば、自然と顔晴れちゃう。

じゃあ、楽しいことってなんですか？　というと……。

たとえば、甲子園を目指している高校球児たちって、毎日遅くまで練習するし、休みも返上して練習しているじゃないですか。

はた目には大変そうに見えるけれど、本人たちはそんなことは思っていません。やりたいことをしているから「楽しい」なんです。

それで、たとえ甲子園に行けなかったとしても、楽しい。練習していると、前より上手にボールをさばけるようになったとか、少しずつ自分が成長しているのがわかるからです。

実は、これがとんでもなく楽しいのです。楽しいから、「もっと、やりたい」努力が続きます。

だから、楽しいことというのは、自分が好きなことだったり、自分が少しずつ成長していけるような、むくわれる努力。

そんなことをやって楽しく顔晴っていると、なぜか、人生うまく行ってしまうのです。

それで、これが一番カンタンで楽なしあわせの道。

「もっと、しあわせ」にたどりつく、一番の近道なのです。

●今世、生きている間に目的地へたどり着きたいのなら

東京から大阪へ行くのに東のほうを向いて旅をはじめてしまったとしても、最終的には大阪へたどり着くことはできます。

地球をグルっと一周して、アフリカあたりでライオンに襲われたりして、メチャクチャ時間がかかりますが、必ず目的地へ行けます。

今世では無理だとしても、人間は一〇万回生まれ変わるそうですから「今世がダメなら来世、来世がダメならその次だ」とやっていけばいいのです。

でも、今世、生きている間に目的地へたどり着きたいのなら、苦労をやめて、一番早くて楽なルートを歩きましょう。

「そんなことをしていいんですか？」って、いいのです。

私たちは、しあわせになるために生まれました。

苦労をするために生まれたのではないのです。

●「試練＝苦労」その発想が苦労なのです

仕事がうまくいかない、人間関係がうまくいかない、そういう出来事、起きた現象のことを苦労だと思っている人がいます。

でも、それは苦労ではありません。試練です。

試練とは、学びです。人を精神的に成長させ、今まで以上に素晴らしい人生をもたらしてくれるものです。

苦労というのは、イライラしたり、焦ったり、妬《ねた》みやそねみがあったり、あれこれ気に病んだり、怒ったり。とにかく、楽しい気分になれず、心がやすらいでいない。そういう心の状態になることが苦労です。


まず、この苦労をやめるのです。

そして、「今、ここ」でしあわせになってください。

苦労するから、必死に頑張る。
そして、今日も、明日も、また必死に頑張り続ける。
でも、あなたが「今、しあわせ」といった瞬間、
天空はるか彼方にある宇宙から、ハッピーラッキー★エネルギーが、
あなたのほうへ一気になだれ込みます。
あなたは「今よりもっともっと、しあわせ」になるのです。

信じられないかもしれませんが、事実です

おかげさまで、私はいつも「今、しあわせ」です。

それは私が事業家になり、管轄区内の長者番付トップクラスに顔を出すようになったからではありません。

幼い頃からしあわせでした。


以前、私は非常にヒマな喫茶店を経営していましたが、その頃も苦労しませんでした。

それまで、「人生、お金じゃない」とカン違いしていた私は自由につかえるお金のない不便さを味わい、お金の大切さを学ぶことができました。


仲間の素晴らしさにも気がつきました。

だから、「一つ賢くなってよかった。いい仲間がいてしあわせだ」と思って、ウキウキしていました。

するとある日、お店にステキな紳士が現れ、誰でも簡単に「今よりもっとしあわせになる」方法を教えてくれました。

ちなみに、その紳士は斎藤一人さんです。

私は、ワクワクしながらその方法を実践しました。

すると、私の人生はものの見事に好転。

そして、今の私がいます。

「今、しあわせ」に精神修養の必要はありません。難しいことをするから、苦労がやめられないのです

私は「今、しあわせ」だったから、「今よりもっと、しあわせ」になりました。でも、私は「今、しあわせ」であるために必死の努力をしたわけではありません。

どうやら、私は生まれつき〝苦労ができない〟タチのようなのです。みなさんがイライラや怒りを感じ続けることに、私はイライラや怒りを感じ続けることができません。みなさんが心配や恐れを抱くことに、私は心配や恐れを長く抱くことができないのです。

昔はその理由がよくわかりませんでした。でも、苦労をやめられない人の話をよく聞いてみたところ、私は〝ある違い〟を発見しました。

ものごとのとらえ方が違うとか、肯定的・楽観的思考と否定的・悲観的

思考の違いとか、そういう難しい話ではありません。

もっと単純です。

見ているものが違うだけなのです。


私の場合、イヤな感情がわいてもすぐ手離して、楽しいことを考えます。苦労しないですむような事実を見ています。

だから、イライラや怒り、心配、恐れなどを抱きかかえないのです。

ところが、苦労している人は、不愉快なことだったり、恐怖を誘うようなことだったり、苦労せずにはいられないものを探し出して、それをじぃーっと見つめています。だから、苦労するのです。


そんな難しいことをするから、なかなか苦労がやめられないのです。

苦労知らずな人が見ているものに、ちょっと目を向けてみればいいのです

私のように苦労知らずな人と、苦労がやめられない人とでは見ているものが違うんですよ、といわれても、ピンとこない人も多いと思います。

そこで、これから、私が見るものと、苦労がやめられない人が見るものの違いについて、いくつか例をあげてみたいと思います。

読んでいるうちに、あなたは「自分が苦労していたのは、一体なんだったんだ？」と思いはじめることでしょう。

そのとき、あなたの心から自然と苦労が消えてなくなっています。

さぁ、ページをめくってください。

これから本格的に「人生楽らくセラピー」がはじまります。

イライラや怒り、不安、恐れなどの苦労のない世界は、あなたの手のとどく場所にあります。

あなたに、すべてのよきことが、なだれのごとく、起きます！

人は、一生のうち、どれぐらい苦労するかが決まっているそうです。

もし、あなたが今までムチャクチャ苦労をしてきたのだとしたら、この先はしあわせしかありません。

だから、「自分はこの先、しあわせなんだ」と思って生きていけばいいのです。

今まで苦労知らずでやってこれたのなら、正解です。

そのまま、苦労せずにしあわせの道を歩んでください。

2

自分の責任の一割だけ、「人のせい」にしてごらん

一〇〇％以上自分の責任。それ、やめましょう

会う人、会う人に笑顔で接し、みんなに「いい人ね」といわれているけれど、「人生、うまく行きません」という人がいます。

そういう人によく見られる〝ある特徴〟があります。

人の機嫌を必要以上に気にするのです。それから、なんでもかんでも「自分のせい」にして自分を責めます。

「ちょっと感じよくないかな」というような態度を人にされるたびに、「私、何か悪いことをしたかも」と悩みます。

一〇〇％自分の責任どころではありません。一〇〇％以上、自分の責任です。

そんな人に、私はいつもこういうのです。

自分の責任の一割だけ、「人のせい」にしてごらん、って。

あなたが気をつかっている、その相手はあなたに気をつかっていませんよ

世の中には〝お天気屋さん〟がいます。とくに理由はないけれど、なんとなく自分の気分がいいときは明るく、なんとなく自分の気分が悪いとそれを顔に表して周りを惑わす人です。

こういう人が不機嫌になっても、あなたに責任はありません。自分の気分次第で晴れたり曇ったりする、その人の責任です。

でも、あなたは、こういう人だけでなく、いろんな人の機嫌が気になるのですね。じゃあ、他の事実に目を向けてみます。

あなたは、常に人に対して笑顔で明るく接しているかもしれません。でも、ほとんどの人は、そうではないのです。

たまに会う人には愛想よくできても、いつも顔を合わす人には「気がぬける」ということがあるのです。

相手はあなたに気を許しているのかもしれませんね。

「機嫌が悪い」のではなく、「くたびれている」のです

私は朝が苦手です。目が覚めても、しばらくは頭がボーっとしたままです。

そんなとき、仲間の忠夫ちゃん（一人さんの弟子のひとりの遠藤忠夫さん）から電話をもらうことがあります。

私は忠夫ちゃんに何をいわれても「あぁ〜」と気のない返事です。

でも、彼は全然気にしません。

それは「まだ、はなちゃんは寝ぼけているんだな」と思っているからです。私の機嫌が悪いとは思っていないのです。

逆に、私が誰かに「ちょっと、感じよくないかも？」というような態度をされることもあります。

でも、私も全然気になりません。

ただ、「くたびれているんだろうな」と思うだけです。

私自身そんなことがあるから、みんなも「なんとなく、だるい」とか、「頭がボーっとしている」「他のことを考えている」とかいうことがあるんだろうなと考えます。

だから、「自分のせいで相手の機嫌が悪くなった」などと、事を大きくするようなことが、私にはありません。

自分の都合で機嫌が悪くなっているのだから、巻き込まれてはいけません

あなたの目には「相手がくたびれているのではなく、機嫌が悪い」と見えることがあるかもしれません。

ただ、これだけは知っておいてください。

相手は、相手の都合で機嫌が悪かったりしているのです。

しかも、しばらくすれば相手は何事もなかったかのようにケロっとしているのです。

そういうものにイチイチつきあっていたら、身がもちませんよ。

機嫌の悪い人のことは置いといて、あなたはあなたの機嫌をとってください。

「いいんですか？」って、いいのです。自分の機嫌は自分でとるものです。

あなたは「自分は巻き込まれないぞ」と思っていてください。

元気づけようとしたら、「あら、およびでない？」みたいな

目の前に元気のなさそうな人がいたら、「どうしたのかな？」って気になりますね。「元気づけてあげたいな」と思うでしょう。

ところが、相手を元気づけようとすると「およびでない？」みたいな、「あらら、今の迷惑だった？」というような結果になることがあります（笑）。

もちろん、私にもあります。

そうなったとき、いい人は自分を責めてしまいがちですが、自分を責めないでください。自分の機嫌をとってください。

私の場合、「私は相手を元気づけようと思って声をかけたんだから、エライ！　自分」と自分をほめ、「相手の機嫌が悪いのがいけない」とか思って（口には出しませんよ）、終わりにします。

なんでもかんでも「人のせい」にする人は不幸だけど、なんでもかんでも「自分のせい」にするのも、つらいですからね。

くたびれるほど、相手に気をつかわなくていいですよ

自分も機嫌がよく、周りも機嫌がよければ、その場はすごく明るくて、自分もみんなもハッピーです。だから、本当はお互いが自分の機嫌をとればいいのです。

あなたが人の機嫌までとる必要はありません。

あなただけでも機嫌よくしていたら、その場所には明かりがともっていることになるのです。

それが周りの人を救います。

機嫌のいい人がいるだけで周りが明るい気持ちになり、機嫌の悪かった人の機嫌までよくなってしまうのです。

ところが、人の機嫌をとると、そのうち自分の機嫌まで悪くなってきま

す。やっと灯っている明かりすら、その場からなくなって真っ暗闇になってしまうのです。

だから、自分の機嫌だけとってください。

自分の機嫌が悪くなりそうになったら、気分がスカッとする映画を見たり、友だちとおしゃべりをしたり。買物をするのもいいし（あとで支払いに困らない程度にね）、ばっちりメイクしておしゃれするのもいいし。

法律違反を犯さず、周りにも嫌な思いをさせなければ、何をしてもOKです。

心がウキウキして、楽しくなることをやってください。

「バカ！」と怒られても、動じてはいけませんよ。相手はカン違いしていますからね

「一度教えたのにできないなんて、バカか！」と怒る人がいます。でも、怒られて落ち込む必要はありません。

人に対して「バカ」ということは、「自分は頭がいい、優秀です」といっているのと同じです。ところが、本当に頭がよくて優秀な人は「自分ができることを他の人もできるとは限らない」ことを知っています。

だから、怒りません。できない人がいたら、その人がやりやすい方法を考えるとか、いろいろ智恵を出します。

「一度教えたのにできない」とカッカするような人を、マトモな人は優秀だと認めません。なのに、人に「バカ」という……。

だから、その人のことは「あぁ、気の毒に」と思ってね。晴ればれとした顔の〝顔晴り〟をしていれば大丈夫ですよ。

3

人に迷惑をかけちゃいけないと思わないほうがいいですよ

ささいなことで怒鳴っているけれど、本当は自分が許せないのです

ささいなことですぐ腹を立てて、人を怒鳴りつける人がいます。一人さんによると、こういう人は何かを恐れているそうです。恐れを紛らわそうとして、小さなことですぐ腹を立てます。でも、実はあなたのことを怒っているのではありません。本当は、自分が許せないのです。ある意味、非常に気の毒な方です。

でも、怒鳴られたときは気の毒がってもいられません。怒鳴られた自分を救出しなくては。

自分を責めてはダメですよ。「この人、機嫌が悪いのね」って。「でも、その程度でカチンとするほうが悪い」とか思って（笑）、しばらく、その人に触れない。

距離を置くだけでなく、頭のなかからも消去です。

怒鳴りつけた人は、誰かを怒鳴りつけて気分をスカッとさせるのです。
スカッとすると怒鳴りつけたことも忘れてしまって、
夜はいびきをかいて寝ている。
なのに、怒鳴られたほうは、怒鳴られて嫌な思いをしたうえに、
いつまでも気に病んで夜も眠れない。
それって、ワリに合わないと思いませんか?

「どうしたら、そんなに強くいられるんですか？」って、気合です

人の機嫌を気にしてばかりいる人から見ると、私のようなマイペース人間は「強そう」に見えるのだそうです（笑）。

それで、私が講演をすると、聴いている人から「はなゑさんのように強くなるには、どうしたらいいですか？」と聞かれるのですが、そのとき私の答えは「気合です」一つしかありません。

気合といっても、そんな難しい、高尚なものではありません。

女性だったら、メイクをして勝負服でばっちりキメて、やってるうちに、自然と気合が入ってくるでしょう。

それから、大きな声を出す。これは性別関係なくできて、いいですね。

「はぁー！」とか、「ツイてるぞー！」とか、なんでもいいから大きな声を出せば、気合は入りますよ。

くたびれるような気のつかい方はしないほうがいいですよ

みなさんのなかには「人に迷惑をかけちゃいけない」と思っている人が少なくないでしょう。でも、私はそうは思いません。

「思いやりをもって人に接しよう」とは思いますが、「人に迷惑をかけちゃいけない」と考えたことがあまりないのです。「なんでですか？」と聞かれても、「小さいときからそうでしたから」としか答えようがないのですが……。

ただ、「迷惑をかけちゃいけない」が頭にあると、〝人疲れ〟というか、気疲れすると思うんですね。

何を迷惑だと思うかは、人それぞれです。

あなたが「迷惑だ」と感じることを「そんな迷惑じゃない」と思う人もいます。

だからといって、「この人は何が迷惑だろう」「あの人は何が迷惑だろう」とイチイチ考えていたら、くたびれますよね。

第一、いくら一生懸命考えたところで、他人が考えていることはわかりませんもの。ホント、わからないの。同一人物でも、そのときどきで全然違うのだから。

たとえば、街でAさんを見かけて声をかけたとき、Aさんの反応が「あら、およびでない?」みたいな感じだったとするでしょ。

その後、また街でAさんを見かけて声をかけるのを遠慮したら、Aさんは「なんで、声をかけてくれなかったのよ」といったりするのです。

もう、何をしていいんだか……(笑)。


だから、くたびれるような気のつかい方はしないほうがいいですよ。そんなことをしていたら、本当に何もできなくなってしまいますからね。

「人に迷惑をかけちゃいけない」と考えて生きるより、
「どうしたら、自分も楽しくて、みんなも楽しいか」を考えて生きた
ほうが、ずっと楽。周りも楽。
そうしていたほうが、人生うまく行きますよ。

「絶対！ 誰にも迷惑をかけないぞ」と思うのは自由です。でも、それは私流にいうと「無駄な抵抗」というのです（笑）

周りの人が何かお世話しようとすると、「迷惑をかけたくないから」と、かたくなに断ったりする人がいるのですが……。

でも、世間には「人間、息をしてるだけで二酸化炭素をいっぱい出して地球温暖化を促進している。迷惑かけているんだ」と考える人もいます。この考えでいくと、誰にも迷惑をかけないのは無理そうですね。だって、息をしているのですから。

それから、世話をしてもらうと「迷惑かけてゴメンね、ゴメンね」って、ずっと気にする人もいますが、周りの人はお世話させてもらいたいのです。むしろ、「迷惑をかけた」といわれたほうが、気が重かったりします。

だから、「助かったよ、ありがとう」といって、気にしないほうが、周りは気が楽で、迷惑がかからないと思いますよ。

常に「相手のせい」にしていたら、その人生はうまく行かないので、
少し考えてもらったほうがいいのだけれど……。
でも、がんじがらめになってる〝いい人〟って
自分を責め過ぎているんじゃないかな、って思うんです。
だから、いろいろ楽に、もっと楽に生きていいよ、って思うんですね。

4

自信をつけるための挑戦、そんなものは不要です

人生うまく行かない原因は、「これができない、あれが足りない」ではないのです

仕事でも、人間関係でも、昔から〝最低限やるべき〟ことがだいたい、おおまかに決まっていますよね。

たとえば、仕事だったら、お客さんに「いらっしゃいませ」「ありがとうございます」というとか。

人間関係だったら、思いやりをもって接するとか。

そういう〝やるべき〟ことをちゃんとしていれば、たいていのことはうまく行くはずなのですが、なかには「全然モテなくて、彼女（彼氏）ができません」とか、「仕事がうまく行きません」という人もいます。

そういう人の話を聞くと、「自分は英会話ができないし、学歴もなくて……」とか、「料理ができないし、美人じゃないし……」とか。とにかく、実に自信なさげな顔をして「あれができないからダメなんだ」「これが足

りないからダメなんだ」といいます。

「ない」ものは「ない」で、いいのです。それがあったからといって、人生うまく行く保証はどこにあるんでしょう？

それよりも、一番の問題はその自信なさげな顔、自信のなさなのです。

たとえば、昔、数学の先生がいっていたのですが、試験用紙に自信なさげな小さい文字で答えが書いてあると、「なんか、あやしいゾ」と思ってこまごま見てしまうそうなんです。そうすると、小さな間違いを見つけてしまうんですって。

だけど、自信マンマン大きな文字で書いてあると気にならなくて、サーっと流してしまう。だから小さな間違いを見落としてしまうのだそうです。

それから、経営者の立場からいわせていただくと、採用試験で自信なさげにしていたら「この人、ウチの会社にきて欲しい」と思いません。場合によっては、その存在にすら気づかない。

だけど、自信マンマンな顔をしている人のことは記憶に残るし、「採用してみようか」という気にもなるのです。

●成功する人は、たいてい〝根拠のない自信〟をもっていますね（笑）

ズバ抜けて優秀ではなく、できないこともいっぱいあるのに、悪びれるところがなく、人にこびずに（いばりん坊ということではないですよ）堂々としている人がいます。

そういう人のことを、世間では「〝根拠のない自信〟をもっている人だ」といったりしますが、苦労をせず、しあわせな人生を送るには〝根拠のない自信〟が必要だと私は思っています。

こういう人は、確たる証拠はないけれど、なんとなく「自分は人に好かれている」と感じていて（笑）、「あの人になんかヘンなことをいっちゃったかな。私のこと嫌いになったかしら」とクヨクヨ悩んだりしません。

そして、なぜか〝ここ一番〟というときに強いのです。

自信のない人は「根拠なく自信がない」だけなのです

かくいう私も〝根拠のない自信〟をもっている人間です。

朝、起きられないとか、世間の人にとって「できて当たり前」なことができなかったりします。でも、私はそのことで「自分はダメだぁ〜」と思ったりしません。

私は自分が大好きで、自分を信じています。「自分はツイてる人間だ」と思い込んでいるのです。

ところが自信のない人は、意外と、学校の勉強ができたり、私と比べたら、いろんなことができるのです。にもかかわらず、自分を信じていない。自信がもてないのです。「自分なんてダメだ……」と思っていたりね。

できないことがたくさんある私から見ると、不思議でたまりません。なんで、そんなに自信なくしちゃってるの？　って。

私が自信をもっているのは思い込み、カン違いからであって、
自信のない人も思い込みとカン違い。
だから、どうせ思い込むなら〝いい思い込み〟〝いいカン違い〟
をしたほうがいいですね。

●穴の開いたバケツに水はたまりません

キレイな顔立ちをしてるのに、もっとキレイな人と比べて「自分はまだまだだ」と思う。そんな自信のない人は、魅力的ではありません。華やかで笑顔のステキな人に、ぐん配があがります。

自信をもちたいからって、一生懸命勉強をして東大に入っても、そこにはもっと頭のいい人がいて、また自信を失う。

そういうのを見ていると、自信のあるなしは顔立ちじゃないし、頭の善し悪しでも学歴でもないし、何かができる、できないではないと思うのです。

自信のない人は、自分の殻に閉じこもっているのです。スタートから、「自分はダメだ」と思ってる。

それを、一人さんは「ダメの壁」というんですね。

要するに、何かのカケ違いで「自分はダメな人間だ」と思い込んでしまったのです。
だから、自信をつけるには、その殻がポロン、ポロンって、とれればいいんですね。

自信がなくても、「自信あるフリ」だけでいいのです

役者さんって、お芝居をしていないときは「人前では緊張して、話も口クにできません」という人が結構いるそうですね。

だけど、お芝居のときは、自信マンマンな役だったら、ちゃんと自信マンマンにふるまうでしょう。

だから、あなたも「自分は役者だ」と思って、それが仕事だと思って、モテる女・モテる男のしぐさや言葉づかいをマネたり、仕事ができる人になったつもりでふるまってみてください。

そしたら、周りの人の目には「自信ありそう」と映ります。周りにそう思われていたら、自信なんて勝手につくのです。

「えっ、フリをしていいんですか？」って、ぜひフリをしてください。別に人をいじめたり、いばったりするわけじゃありません。

それこそ誰にも迷惑かかりませんよ。

ただ、「どうしてもフリができない」という人がいると思うんです。そういう場合は、明るく大きな声で話すとか、今より少し大きい字を書くとか、してみてください。

自信のある人は大きい字を書くし、声も大きいですからね。それから、うつむき加減で歩くのではなく、顔を上げて背筋を伸ばして歩くのもいいですよ。

そうすれば、バッチリ自信ありそうに見えますからね。

自分を信じていなくてもOKです。「私は自分を信じています」といってみてください

私が中学生の頃、学校でちょっとした事件がありました。

ある男子生徒が催眠術の本を読んで、ふだん、すごくおとなしくて自信なさげなクラスメイトに催眠術をかけたのです。

なにか言葉をささやかれているうちに、おとなしい子の顔が、今まで見たこともない、暴れん坊の顔つきに変わっていきました。

そして、「さぁ、行け」といわれたとき、そのおとなしい子は「わぁー！」と叫びながら椅子を持ち上げたのです。

幸い、みんなで止めたので大事には至りませんでしたけれど（催眠術をかけた子も反省して、人に催眠術をかけなくなりました）。

何をいいたいのかというと、言葉の力です。

催眠術は言葉で暗示をかけるでしょ。「おまえは、できる」とかいって「自

分はできる」と思い込ませる。そうすると、ふだんできそうもないことが、できてしまう。

これを使わないテはありませんね。

もちろん、学校であった事件はよくない例ですよ。あんなことはしちゃダメですが、自分の殻、「ダメの壁」を破るのに、言葉の力を借りてみてください。

中村天風さん（天風会の創始者）じゃないけれど、「私は力だ」とかね。

そういう言葉を鏡に向かっていうと、本当に力がみなぎってきます。

それから、一人さんの言葉で、すごくいいのがあるんです。

「私は自分を信じています。信じているから、どんな問題ものりこえられる」

自分を信じていなくて構いません。無理に自分を信じようとする必要はありません。

ただ、鏡に向かって、この言葉を口にすればいいのです。

「えっ、ウソ。こんなに、できないことがいっぱいあるのに
自信マンマン!?」という人がいますよね。
フタを開けると、普通、他の人が気にすることを、
全然、気にも止めてなかったとか。
その程度のことなんですね、実際は。

5　人間、「うっかり者」でちょうどいい

朝、起きられないうえに、落ち込んでどうする！

私は朝が大の苦手。枕に頭がくっついているぐらい、起きられません。

でも一度、早起きして会社に一番乗りしようと思ったことがありました。

あるセミナーで、「社長が朝一番のりすると業績がよくなる」と教わったからです。それで奮起してやってみたのですが、起きられませんでした。

私は少しガクッとしましたが、瞬時に「バカバカしい」と思い直しました。「朝、一番のり」することが経営者の仕事ではないし、社長が一番のりの会社でも業績がそんなに伸びてないところがたくさんあるから……と、自分のことはタナにあげて都合よく考えました。

だって、「できないうえに落ち込む」なんてマイナスがダブルでしょ？


「さあ、私は自分が得意なことをやって業績を伸ばそう」と自分を許し、すぐ切り替えです。

●飽きっぽさは、イコール「改良型」です

私はすごく飽きっぽい人間です。たとえば、編物は編み終わったことが一度もありません。ローラースケートは、靴を買って「いつか、やろう」と思っているうちに、一度もはかずに終わってしまいました。ピアノもジャズダンスも、ヨガも、ギターもみんなダメ。とにかく何をやっても続きません。だから、私が一人さんの開発した化粧品・健康食品の販売会社を経営することを決めたとき、私の両親は半信半疑でした。

ところが、そんな両親に対して一人さんはこういったのです。

「商売をするには、飽きっぽさがないとダメなんです」と。

「うまく行かないことを平気で続ける人もいますが、そっちのほうが問題です。だけど、はなゑさんは飽きっぽいから、大丈夫。うまく行かなければ飽きちゃって続けられないから、考えて改良して行けますから」って。

あなたのその欠点は、長所です

商人には飽きっぽさも必要、という話を聞いた両親は、一人さんに「はなゑは、朝が苦手でいつもギリギリなんです」ともいいました。

ところが、一人さんはニコニコしながら「大丈夫ですよ。朝、起きられない人は、夜は寝ずに考えごとをしたり、本を読んでいますから、社長向きです」と。

何をいいたいのかというと、あなたが「欠点だ」と思っていることが長所なんだ、ということ。短所は長所の裏返しなのです。

たとえば、ルーズという欠点は、大らかという長所であったりします。逆に、すごくキッチリしている。それが裏目に出ると細かすぎちゃう。欠点が「細かさ」だけど、それが「几帳面」という長所になるのです。

できないマイナスに、落ち込むマイナスが加わると、さらにマイナスだから、「できなくても、まっ、いいか」って

誰にも、得意分野、不得意な分野というものがあります。普通、必死に頑張って不得意なものをなくそうとしますが、たいがい、不得意なものはなかなかクリアできません。

挑戦しても「あぁ、ダメだ～」、再挑戦しても「また、ダメだ～」って。そんなことを繰り返していると何に対してもやる気がなくなるし、自分で自分が嫌になってしまいます。

だから、私はウチの会社のスタッフに「できないものはできなくていいから、『まっ、いいか』と思いなさいよ」といいます。

これは「何もしなくていい」ということではありません。「できるようになろう」と努力してダメだった、ということは、できないのです。

だから、「他の方法で行きなさいよ」ということなのです。

不得意なことを無理に克服しようとしなくていいです。自分ができることを極めれば万事OK

人にはみんな、それぞれ不得意なものがあります。だけど、それぞれ得意なものもあります。

あなたにも得意なものがあるはずです。それを極めてください。

「極める」とは、その分野の第一人者になるとか、ではありません。あなたが得意とすることが「できない」「苦手です」という人がいるでしょう。そういう人に、こういうのです。

「あなたができなくても大丈夫。私がやってあげるよ」

そういうふうにやっていると、今度はあなたに「できなくてもいいよ。私がやってあげる」といってくれる人が出てきます。

互いに自分の強みを出し合い、弱い部分は補い合う関係ができると、仕事でも、なんでも、人生うまく行きますよ。

完璧主義ではないほうがいい。でも、私は「完璧でなくてよかった」なんです

私は飽きっぽく、朝が苦手なうえに、ものすごい方向音痴です。「この道をこう行って、ああ行って」と丁寧に道を教えられても覚えられません。

ですが、私は「いろいろできないことがあって、よかった」としみじみ思うのです。

なんでもソツなくこなせてしまう人は、「なんで、この人は、こんなことがわからないんだろう」とイライラすることがあるでしょう。

でも、私の場合、イライラしません。

「私が道を覚えられないがごとく、この人もこのことが苦手なんだなぁ」と思うからです。

だから、あんまり完璧じゃないほうがいいですね、という(笑)。

「絶対！」といわなければ、ガチガチの心が少しゆるんで楽になります

この前、出版した本『斎藤一人　幸せを呼ぶ魔法の法則』（ＰＨＰ文庫）に、困っている人に親切するとしあわせになれますよって、電車に乗っていて、お年よりや妊婦さんを見かけたら席を譲ってあげるといいですよ、って書きました。

そうしたところ、読者のなかに「絶対、譲らないとダメだ」と思ってしまった人がいたのですが、そうではないのです。

人はとかく、絶対の決まりごとを作りたがりますが、そもそも人間社会に「絶対」ということはないのです。

人間は神さまではないのだから、「絶対」はありえません。

だから、自分がどうしてもくたびれていたら、心のなかでゴメンなさいして、寝たフリをしていてもいいんじゃないですか。

「えっ、寝たフリしていいんですか?」って、いいのではないでしょうか、くたびれているときは。

それで、自分が座って気まずい思いをするなら、目を閉じて見ないようにするしかない。寝たフリするしかない。

私はそう思って、たまに寝たフリをすることもあります。

だけど、神さまにゴメンなさいして、そんな自分を許します。

常に人のことは許すけど、一番自分のことを許す。
それが一番肝心じゃないかな、と思います。
私はムチャクチャ自分を許すほうなので、人に対しても
「いいよ、いいよ」って。
でも、自分に厳しいと、なかなか……。
人に対しても厳しいから、ダブルでつらいですよね。

● 不完璧な私が最高！　不完璧なあなたが最高！

自分がいろいろなことができて、行いが正しくて立派で、かつ人も許せるのが一番いいのかもしれないけれど……。

ただ、不完璧な私から見ると、その完璧さが気の毒に感じることがあるのです。

完璧な人は、何もしていなくても、存在自体が周りの人をかたくさせてしまったりすることがあるでしょう。

それから、一線引かれて、特別扱いにされてしまうこともあります。

だから、私は不完璧のほうがいいかな、って。不完璧でちょうどよくて、心地いいと思いますね。

自分が気持ちよくてやっていることは、自分がやっていればいいのです

私と忠夫ちゃんはタイプがまったく違います。あざやかなほど真逆です。たとえば、どこかで待ち合わせをすると、私は時間ギリギリで到着しますが、忠夫ちゃんは約束の時間のずっと前からきています。

仲間と海外旅行に行くときなんて、忠夫ちゃんは集合時間の三時間ぐらい前に空港に到着しているのです。

こんなふうにキッチリしている人は、ふつう、ギリギリの人に、「自分のように余裕をもって行動すればバタバタしないで済むのだから、あなたもそうしなよ」といったりするでしょう。

逆に、時間ギリギリの人は「ほぼ約束の時間に間に合えばいいのに、なんでそんなに早くくる必要があるのか」といいたくなることがあると思います。

でも、「先にきてゆっくりしている」のが好きな忠夫ちゃんは、自分が先にきていれば満足。

「家を出る前までゆっくりしている」のが好きな私は、自分がそうしていれば満足なのです。

だから、私も忠夫ちゃんも、自分の主義主張をぶつけあうことがありません。せいぜい「世の中、自分と全然違うタイプの人がいるんだなぁ～」と感心する程度です。

お互いが相手を「この人はおもしろいなぁ」と思って見ています。こういうふうにしていると、すごく楽ですね。

人はみな、それぞれ「自分はこうしなきゃ気が済まない」ということがいろいろあります。でも、それは自分が気持ちよくてやっていることであって。だから、自分がやっていればそれでOKなのですね。

人にまで「あなたも、こうしなよ」といいだしたら、自分が苦しくなります。でも、人に強制しなければ、ホントにすごーく楽。

本当に楽に生きたかったら、人のいうことにしばられないけれど、自分のいうことにもしばられない。

強い人は、周りの人のいうことにしばられないけれど、自分のいうことにしばられがちだから、少し考えてね。

もっと、自分を大事にしたほうがいいですよ。

ダイエットは素直にマイッタできるのに……

「私は、ゼ〜ッタイ！　これこれこういうことをするんだから」と、みんなの前で宣言することがあると思います。

わかりやすい例でいうと、ダイエット。

「ゼ〜ッタイ！　いついつまでに何キロやせるよ」とか、いいますよね。

「毎日、『ビリーズ・ブートキャンプ』をやるんだから」とか。

宣言しておくと、みんなの手前、やめづらいだろうと思って一生懸命、宣言するのだけれど、いざ、はじめてみるとその通りに行かなくて、「やめた」ということになるじゃないですか。

こういう素直さというか、あきらめの早さが、自分を救うことがあるのです。

それは、人生の選択を間違ったときです。

●「ほら、見たことか」といわれたら、私は迷わず「うん、間違っちゃいました。もう、なんでもいってください（笑）」って

人生の選択で、「右と左どっちにするか」ということになったとき、周りは「右がいい」というけれど、自分は「左に行きたい」ということがあると思います。

たとえば、みんなに「あの人と結婚すると苦労するから、やめな」といわれたけれど、「私はこの人と結婚したい」とか。それで、「自分は、ゼ〜ッタイ、この人と結婚する。結婚してしあわせになるんだからねっ！」と周りの反対を押し切ってしまう。

周りのいうことを聞くとか、聞かないとかは、別にいいのです。

ここでテーマにしているのは、「自分の選択は間違いだった」と気づいたときにどういう行動に出るか、ということです。

ちなみに、私の場合は、さっさとマイッタします。

もちろん、自分なりの努力はするのですよ。でも、それでダメなら、「やっぱりダメでした（笑）」って終わりにします。

「自分はこうするんだ」と宣言した、その言葉にしばられませんね。自分のいったことで身動きがきかなくなって、自分を不幸にするのは「バカバカしい」と思うからです。

周りの人に「ほら、見たことか」といわれることもあるけれど、実際、自分は「見ちゃった」わけだし。自分が間違っていたことを周りの人に「あぁ〜、見られちゃった」のだし（笑）。

だけど、周りの人はずぅーっと「それ、見たことか」といい続けることはないんですね。天使がウインクしたぐらい、ほんの一瞬なのです、そんなことをいわれるのは。

だから、「やっぱり、みんながいった通りでした。間違っちゃいました。ごめんなさい」といって、終わりにしてしまえばなんてことはないのです。

●「今のまま、死んでいいのか」と考えると、自ずと答えが出てきますよ

自分のなかで「これは絶対、どうしてもやりたい」というものがあってね。自由につかえるお金はないけれど、ご飯は食べられて、周りにも迷惑をかけずに生きてて、それで「自分の夢に向かって生きているから楽しい」という人もいると思います。

そんなふうに、自分の好きなほうへ行って、自分も周りもガマンすることなく、本人が楽しく生きていられるのなら、他人の私が口出しする余地はありません。

だけど、自分が全然今を楽しめないでいるのに、「誰かに『ほら、見たことか』といわれると頭にくるから」という理由で、マイッタしないのはどうなんでしょう？

このままずっと不幸なところに身を置いて、本当にいいの？

手の届くところにある「しあわせ」を逃がしてはいけません

タンカを切って家を出て行った手前、家に帰れない人もいると思います。意地になっちゃって。

意地って、張っていいときもあるけれど、全部に意地を張っていると、自分の体裁守るために自分がしあわせになれません。

そんなことのために、しあわせを逃してはいけないのです。

そういう意味でも、「自分に一番ゆるい」って大切かな、って。

だから、自分のいったことにしばられない。挫折してしまった自分のことを「カッコ悪い」とか思わない。

自分の選択が間違っていたことを認めて「ごめんなさい」といったほうが自分はすがすがしいし、私はそういう人を「ステキだ」と思いますよ。

だから、宣言通りにできなかった自分を許してね。

「引き寄せの法則（牽引の法則）」というものがあります。
自分にゆるくない人の周りには、「自分にも他人にも厳しい」人が集まってきます。
でも、自分にゆるい人の周りには、「自分も他人も許せる」人が集まってくるのです。

6

ガマンしないで、気持ちよく生きましょう

まず、自分を愛して、それから、他人を愛します

辞書で「八方美人」という言葉を引くと、「誰に対してもほどよくふるまう人」と書いてあります。

みなさんのなかにも、「八方美人はいいんだ」と思っている人が少なくないでしょう。

私も、すごくいいと思います。

八方美人は、みんなの気持ちをよくしますからね。そういうことをしている人は、運勢がどんどんよくなりますから、すごくいいですよ。

ただ、八方美人にも、よし悪しがあるのです。

悪いほうの八方美人は、自分が思ってないのに誰に対しても「そうですね」という。

要するに、〝自分〟をグゥーっと押し殺してしまうのです。

もし、あなたがガマンしているのなら、それはペケです

しあわせな人生を送るには、自分の考え方や生き方を人に押しつけないことが大事です。

それと、自分の魂が納得できないことを人に押しつけられそうになったときは、ちゃんとお断りしたほうがいいですよ。

人はみんな、しあわせになるために生まれてきたのです。それは権利ではなく、義務。ハッピーに生きないといけません。

たまに、自分は「しあわせです」といっていて、周りは全員ガマンしている（笑）、という人がいますけれど、それはカン違い。

しあわせというのは、自分もしあわせで、その周りにいる人も、誰もガマンをしていなくてしあわせ。

自分がガマンしているしあわせなんて、ありえないのです。

心頭を滅却しないでいいですから、火を消すか、逃げるかしてください

グゥーっと自分を押し殺して生きている人に「ガマンしなくていいんだよ」というと、「なんともないですよ。そんな、私、たいしてガマンしていません」といわれたりします。

「心頭を滅却すれば火も自ずから涼し」という言葉があるものだから、その境地に至ろうとしているのかしら？

その心意気は素晴らしいと思いますけれど……。

でも、あの言葉を残した快川《かいせん》国師という人は、燃えさかる炎のなかで「心頭を滅却すれば……」と唱えながら正座をして一つも動ぜず、焼死してしまったといわれています。

からだのほうは、全然、涼しくなかったのですね。

「世間の常識だから、こうしろ、ああしろ」その〝世間〟は、どちらさま？

やたらと他人に「世間の常識」をふりかざす人がいます。

「人と違うことをしちゃいけない、目立っちゃいけない」とか、「いい年になったら結婚しなきゃいけない」とか、「大学ぐらいは出ておかなきゃいけない」とかね。

それで、ふりかざされた「世間の常識」通りに生きなきゃいけないんだと思い込み、無理やり「世間の常識」の枠のなかに自分を押し込んでしまう人がいます。

でもね、「世間の常識」とおっしゃるけれど、その「世間」はどなたのことを指しているのでしょう。

たいていは、隣にいるおじさま、おばさまのことだったりね。

とにかく、社会全体のことは指していないのです。

なかには「世間の常識」が通用しないところもあるのです

世間では「カッコつけちゃいけない」といいますが、私を含め、一人さんの弟子たちが経営する会社では「カッコぐらいつけなよ」といいます。

また、世間では「思ってもないことをいってはいけない」といいますが、私たちの間では「思ってなくていいから『しあわせ』とか、『感謝してます』とか、いおうね」です。

それから、親が子どもに「早く結婚しろ」という家庭が多いそうなんですけれど、私は小さい頃から親に「ずっと、ヨメに行かなくていいよ。好きなだけウチにいな」といわれていました。

それどころか、「女の子だから、片づけもの手伝いなさい」とか、「女の子だから、なにしなさい、かにしなさい」といわれたことがありません。

でも、私は毎日しあわせに生きています。

嫌がる子どもに「大学は出てないとダメだ」と強制するぐらい、自分が大学に行きたいんですね

たとえば、子どもが「自分は将来、大工さんになりたいから大学には行かない」といっているのに、親が「大学に行きなさい」というとします。

それで、子どもが「なんで、大学に行かなきゃいけないの？」と聞くと、親は「今のご時世、こうこう、こうだから、大学は行ったほうがいいんだ」といいますよね。

でも、それは親が思うことであって、現実には東大を出ても不幸な人はいるのです。

だけど、親が「大学のほうがいい」と思ってる。

ところが、そんな親に「そんなに大学が好きなら自分が受験勉強をして、自分が大学に行けば？」というと、たいがいの親は「大学、大学」といわなくなるのです。

●「男は男らしく、女は女らしく」じゃなく、「男らしい人は男らしく、女らしい人は女らしく」

私は、家にいて料理を作ったり、掃除や洗濯をしたりするのが苦手です。それよりも、仕事をするのが好き。自分で稼いで、自分で自分を食べさせる生き方が性にあっているから、そうしています。

だけど、私とは逆に、専業主婦が性にあっていて、外で働かなくてもいい人もいるでしょう。それはそれで全然ＯＫです。

ダンナさんのお給料のなかでやりくりしたり、子どももちゃんと育てて学校に行かせたりするのも素晴らしい仕事だし、その人にとっても、やりがいがあるだろうし。

何をいいたいのかというと、「今の時代、女性も外で働かなきゃいけない」とか、「女性は家で主婦しなきゃいけない」とか、そういうシバリみたいなものがあるじゃないですか。そんなものは無視しちゃって、自分の好きなように生きるとハッピーですよ、って。

男性だって、家事が得意で「専業主夫がしたい」という人もいると思うんです。それが許される環境にあるのなら、堂々と専業主夫をすればいいのです。

「からだは男性だけど心は女性で、男性が好きなんです」というのなら、堂々と自分らしく生きればいいのです。

それを十把一絡げにして「男はこうでなきゃいけない」とか思うから、人生がおかしくなるのです。

自分の人生です。あなた以上に、あなたのために一生懸命になってくれる人はいないのです。

そんな自分のために、自分をしあわせにするために、好きなように生きて何が悪いの？　何も悪いことなんてありませんよ。

自分らしく、「自分はこれでございます」って、自分を出して生きてください。

そのほうが楽だし、ハタから見てもホレボレしますよ。

押し殺した感情はマイナスのエネルギーになって、
よくないものを引き寄せてしまいます。
でも、万が一、よくないものを引き寄せたとしても、
むやみに恐れてはダメ、ダメ、ダメ！
それは「ガマンをやめればハッピーだよ」という
宇宙からのメッセージ。ガマンをやめればいいのです。

無理して〝家庭的なフリ〟はしなくていいんじゃないかな？

夫婦の間で、互いに相手に対して「こうして欲しい、ああして欲しい」というのがあると思います。

自分ができる範囲の望みなら、その通りにしてあげてもOKでしょう。でも、家庭的ではないのに「家庭的になれ」とか、自分にできないことを要求されたら、はっきり「できない」というべきだと私は思います。誰にでも向き・不向きはありますから。

自分を押し殺してまで、相手の望みをかなえる必要はないと思います。それで、もし、相手に「そんなのは絶対ダメ、こっちの望み通りにやって」といわれたら、「サヨナラ、お元気で」です。

周りは「そのまま行ってくれればいい」というかもしれません。

でも、ガマンして〝いい奥さん〟〝いいダンナさん〟のフリを続けて、本当にしあわせですか？

誰かのガマンの上になりたっているしあわせは、本当のしあわせではありません。

ガマンを続けても、結局、うらみしか残らないのです

7

楽しいことを考えていれば
周りが気にならなくなります

人のいうことをきいて大切な人生、やりたいこともやめるんですか

自分が楽しんでやっていることに関して、「あぁ、周りはあんなことをいってるな」という気がすることがあるでしょう。

「あの人があなたのこと、非難していたよ」といわれることも、あるかもしれません。

でも、だからといって、自分が「こうやって生きたいんだ」と思ってやっていることを、人のいいなりになってやめていいのでしょうか?

もちろん、自分のやっていることで、相手に何か迷惑をかけているのだとしたら、それは問題ですよ。でも、迷惑をかけていないのだとしたら、周りは気にしないほうがいいですね。

むろん、ガマンしてやめることもありません。

「あの人にこういわれたから」って一つ楽しいことをやめ、「この人にこ

ういわれたから」ってまた一つ楽しいことをやめて、そんなことをして何になるの？　自分はどうなるの？

ツルンツルンになって、なんにもなくなっちゃうじゃない！

人間は何回も生まれ変わるというけれど、この顔形で、この名前で生きる人生は一回きりで、貴重なのです。

それを、自分のことをよく知りもしない人のいうことを聞いて、大切な人生、やりたいこともやめるんですか？

生意気いってごめんなさいだけど、口しか出さない人のいうことなんて気にすることはありません。私は気にしない。

楽しいことをやっていて、こんな楽しいことがあった。あんな楽しいことがあった、って。楽しいことしか考えません。

楽しいことをやって、しあわせでいることしか考えません。

周りの人が出すのは〝口だけ〟だから、自分がやりたいようにさせてもらいます

しあわせになるために何かをしようとすると、周りからいろいろいわれる。それが嫌で「自分はガマンしますす」という人もいるでしょう。

それで、あなたが本当にしあわせになるのならOKです。

でも、本当は、誰でも楽しく生きられるのです。

周りは親切心から、いろいろいってくれますよ。もちろん、心からあなたのことを思ってくれてる人もたくさんいます。だけど、なかには口だけしか出さない人がいるのです（笑）。ホント、そうなんですよ。


たとえば、私の友人の話です。友人は働くのが好きだったのですが、ダンナさんに頼まれて専業主婦になりました。

ところが、主人の商売の調子が悪くなってきたものだから、友人は「私

が外で働いて稼ぐよ」といったのです。

そのとき、友人は知りあいの人から「そんなことをして、家庭はどうするんだ」「家庭を守るのは女の役目だ」みたいなことをいわれました。

それで、友人は落ち着いた声で「そうですね」といって、その人にたずねたんですね。

「じゃあ、私が外で稼ぐ分のお金、あなた、くださいますか？」

その人はお金を出さず、余計な口出しもしなくなりました。

そんなことがあって数年後、「家庭を大事にしろ」といっていたその人は離婚しており、私の友人のところへ「やっと離婚したのにダンナが転がり込んできてさ」とグチりにきたそうです。


とにもかくにも、周りのいうことを気にしてガマンすることはないですよ。

最初はいろいろ口を出すけれど、すぐ何もいわなくなります。

人間って、そんなに根気強くありませんからね。

私は嫌いな人がいないんですよ。

そういうと、たいていの人はビックリした顔をします。

ところが、その後に「でもね、どうでもいい人（アウト・オブ眼中）はいるんですよぉ～」というと、みんな笑うのです。

私、おかしいことでもいったのかなぁ……

「気にしない」のはガマンではありません。頭の片隅にも置かないのです

公園にはキレイな花が咲いていたり、芝生がキレイだったりします。でも、その一方で、公園にはゴミ箱もありますよね。

だけど、ほとんどの人は公園に行くと、ゴミ箱ばかりをじぃーっと見ないでしょう。花を見たり、芝生のうえでくつろいだりして、「あぁ〜、いい気分。ここはいいとこだな」って。

私に嫌いな人がいないのは、これと同じです。自分の目の前に「うーん、これはいかがなものか？」と思うような人が現れたとします。

そんなとき、「今日食べたご飯、おいしかったな」とか、自分がうれしかったこと、楽しかったことを考えます。

すると、そのときすでに、その人は私の頭のなかには存在していないのです。どうでもよくなっちゃう。

頭から離れないのなら、会わなければいいのです

「お姑さんがどうしても嫌なんです」「どうやっても、ヨメの兄弟が嫌なんです」

そういう相談をされると、私はこういいます。

「じゃあ、しばらく会わないほうがいいね」

すると、たいていの人はあわてて「いや、それは無理です。会わないなんて、できません」といいます。

でも、そんなことはありませんよ。自分が会おうとしなければ、会わずにすむのです。

「ヨメだから会わないといけない」「兄弟だから会わなきゃいけない」と、会わなきゃいけない理由を先に考えるから「できない」なのです。

理由を考える前に、「会わない！」。そう決めればいいのです。

そして、「仕事が立て込んでいて……」「PTAの集まりがあって……」とか方便をつかって、なるべく角がたたないようにお断りしましょう。

まぁ、それでも何かいわれるでしょうが、気にしないことです。会っても何かいわれるでしょうから（笑）。

心でグッとつかんでいるのに「気にしない」ができるわけがありません

世の中にはいろんな人がいますよね。それから、生きていると、いろんなことが起きます。不愉快な気分にさせる人物・出来事に遭遇することもあるでしょう。そういうときは、自分の胸一つにおさめないでください。「今日、こんなおもしろい人がいてさ」とか、「こんなことがあってさ、もう、笑うしかないよね」とか、誰かにちょこっと話してみてください。明るく笑いながらね。

ちょこっと話すと、あなたが心でつかんでいるものが、ファっと離れます。心のヨゴレが取れるのです。

取れたヨゴレは空気中に漂うので後始末しなきゃいけませんが、そのことはまた後でお話しします。今は「心のヨゴレはためずに受け流す」、それだけを頭にしっかりと叩き込んでください。

笑い話で済まないことは、正々堂々、大ごとにしてください

人に、やつ当たりをしたり、わけもなく無視したり、いじわるをしたり、そういう理不尽な態度をする人も世の中にはいます。

自分が理不尽な態度をされて傷つけられているのに、じぃーっとこらえている人もいますが、それはよくありません。

相手は「理不尽なことをしている」と思わないでやっている場合もあるし、本当はやめたいのだけど、どこでやめていいかわからなくなっていることもあります。

何より、相手はよくないことをしているのです。命を粗末に扱っています。

理不尽なその相手も命。でも、やられたほうも命です。その命を、自分のなかで処理できない思いの、はけ口につかうのはペケなのです。

そういうことをされて、黙ったままこらえていると、心のどこかにうらみというヨゴレがついてしまいます。

傷つけられたうえに心にヨゴレがついてしまっては、ダブルでマイナスです。


できればその場で、大きな声で「何で、私にそんなことをするんですか？」といってください。

そして、「やめてください」とキッパリいったほうがいいと思います。

もし、自分でいえないならば、周りの人に相談してみてください。多くの場合、理不尽なことをする人は他の人にもそういうことをしています。


だから、みんながガマンしないで済むように、いろいろ智恵を出しあうといいですよ。

●キッパリと損得勘定、両方とも大事です

誰かの態度・言動が「みんなにとって、よくないことだ」と思ったら、私はキッパリ「それはよくない」といおう、と決めています。

ただし、そのときは、一つポイントがあって、自分が相手にピシっといい返したときに、周りの雰囲気が「よくやった！」という感じなのか、空気がしらけるのか。

もし、空気がしらけるのだとしたら、「そんなことイチイチいわなくてもいいんじゃない？」というのが周りの人の本音です。

こういうときは、自分がいい返したのはバツ。その間違いはちゃんと記憶して二度やらない。

どうでもいいことをイチイチいい返していたら、周りの人に「細かいやつだな」「面倒くさい人だな」と思われますからね(笑)。自分が損しちゃう。

「私は自分の天職を探します」といっていても、実際は、
なかなか見つからない人が多いでしょ？
そんな苦労はガマンしないで、〝いい職場〟に行ったほうが
しあわせなのになぁ、って、私は思うのです。
〝いい職場〟とは、自分をやとってくれる会社です。

●人が仕事を選ぶのではなく、仕事に呼ばれるのです

広い世間のどこかに「自分の天職」が用意されていると思っている人が多いのですが、それは誤解です。

目の前のことを一生懸命やっていると、ある日、突然「この仕事が自分の天職なんだ」と気づく。天職とはそういうものなのです。

では、「目の前のこと」とはなんですか？　というと、まず自分に与えられた仕事を楽しくやる。そこがスタートです。

仕事というものは、土台、おもしろくないのです。だからこそ、仕事をゲームにして、遊ぶがごとく仕事をする。たとえば、電話受付だったら、電話をたくさんとるゲームにするとかね。

そうやって働いていると、一歩ずつ、自分が知らないうちに足が天職のほうへ引き寄せられていきますよ。

どうしても楽しめない仕事は無理に続けないでください

みなさんは〝心の御柱〟を立てて仕事をしていますか？

〝心の御柱〟とは、要するに使命感です。たとえば、ゴミ収集の仕事だったら、「自分は街の美観を守るためにこの仕事をしているんだ」とかね。どんな仕事にも意義があります。いろんな形で、人さまのお役に立っています。だから、使命感をもって働けばいいのです。

すると、仕事が楽しくなって、いいことが山ほど起きます。

本当に使命感をもっている人は、仕事が楽しくて、「この仕事をやれてしあわせだ」と思っています。だから、ニコニコしながら働きます。

でも、義務感で仕事をしている人は、自分に向いてない、本当はやりたくない仕事なのに、自分にウソをついてガマンして仕事をしているのです。

だから顔が暗くて、全身で悲しいムードを漂わせているのです。

思い当たるふしのある方、もし、いらっしゃいましたら、無理してその仕事を続けなくていいですよ。

「いや、私は頑張ります」と頑固に意地を通されても、周りが困るのです。

そうやってガマンする人は、他の人にもつい「ガマンしなよ」といってしまいがちです。

そうすると、その職場で働いている人たちが苦しくなるのです。

人に息が詰る思いをさせているのです。

それだけではありません。人間の想念というものは、飛ぶのです。

息が詰る思いでお客さんに手紙を出すと、お客さんに「なんとなく、いやぁ〜な感じ」が届いてしまうのです。

お客さんにも迷惑ですね。

自分がピタっとはまる場所に行けば、みんなハッピーです

どうしても、「この職場には意気に感じるものがない」と思ったときは、職場を変えてかまいません。

「窮屈だけど、ここにいます」というのは、やめたほうがいいです。

一生一回。この人生、生きている時間の大半は仕事に使っています。ご飯のためだけに働くのは、もったいない。

人には、意気に感じて働ける場所が必ずあるのです。

今の職場で意気に感じられないということは、「意気に感じられる場所はここではなく、どこか他のところですよ」ということです。

そこへ行けば、あなたはハッピー、周りの人もハッピーです。

顔晴ってから辞めるか、顔晴らずに辞めるか。どっちが楽？

他にやりたいことがなく、転職先も決まっていないけれど、職場で嫌なことがあったから「辞めます」という人がいます。

辞めてもいいです。ただ、今の職場の人に「あなたを使ってよかった」「トクした」と思わせてから、辞めてください。

職場の人に「トクした」と思わせるのに、そんな難しいことをする必要はありません。

筋肉痛になるぐらいの笑顔で仕事をしたり、明るく大きな声であいさつをしたり。頼まれごとをされたら「はい！　よろこんで」というとか。そういう小さなことで十分です。

一カ月間だけでもいいので、やってみてください。それから辞めてください。

すると、きっと、いい職場に転職できます。

この努力をしないで次の職場に行っても、きっと嫌な目にあって苦労します。職場の人に「あの人を使って損した」と思わせたまま辞めると、次の職場であなたが損をするのです。

この世の中は、自分が人に与えたものが、あとで自分に返ってくるようになっているのです。

やってやれないことはない。やらずにできるわけがない――
一人さんは、そういいます。
やる前は「難しそうだな」「できるかな」と思うかもしれない
けれど、一歩、一歩、ちょこっとずつでもできれば、
その分、楽しくなりますよ。

8

思い詰めずに、目を大きく開いて周りをながめましょう

「胸騒ぎがする」「嫌な予感がする」というけれど、心配いりません

わけもなく「あれ？」って、胸騒ぎがすることがありますよね。
「なんか、嫌な予感がする」って。
でも、大丈夫。たいがい、その予感は当たりません。
あなたが心配していることは、一〇〇に一つも起きません。
そういうと、「いや、私の予感は当たるんです」という人もいますけれど……。

でも、本当にあなたの予感が当たるのならば、人生、百戦百勝なのではないですか？

「この胸騒ぎは虫の知らせだ」と決めつける前に、「自分はいつもどうなのか」を大事にしてください

いつも前向きで、プラス思考の人が、珍しく胸騒ぎがしたとします。「なんか危険な香りがする」って。

この場合、その予感はたいがい当たりです。それにしたがって行動したほうがいいでしょう。

ところが、あれこれ気にする苦労性、悩みグセのある人が胸騒ぎした場合は、それにしたがっていてはいけません。

苦労性で悩みグセのある人は、いつも胸がざわついているのです。常に胸騒ぎです。それをイチイチ気にしていたら、何もできなくなってしまいます。だから、したがってはいけないのです。

ふつう、虫の知らせは、そんなしょっちゅうあるものではないのですよ。一生に一度か二度です。

予感が当たったのではありません。そのビクビクが、よくないものを引き寄せたのです

学校の授業で、先生が「この問題わかる人、手をあげて」といいますよね。

そのとき、自分はわからないけれど周りが手をあげるから、しかたなく、控え目に恐る恐る手をあげて「指されませんように」と思ってると……。

「はい、あなた」

と、指されるでしょう。

これと同じで、「なんか、嫌な予感がする」と勝手に思ってビクビクしていると、そのビクビクがよくないものを引き寄せてしまいます。

だから、ビクビクするのは、よしたほうがいいのです。

ビクビクで引き寄せた問題は、
あなたを「今よりもっとしあわせ」に導くためのもの。
「ビクビクしているとロクなことがないから、やめなさい」という、
宇宙からの愛のメッセージです。

今日の運勢が最悪なのを気にする人がいますが、じゃあ、いいときは〝特別なこと〟ありました？

毎朝、テレビで星占いをチェックしている人がいるでしょう。楽しんでいるなら、いいですよ。

そのまま楽しんでください。

でも、今日の運勢が最悪だと、その日一日じゅう気になって行動にブレーキがかかってしまうのなら、しばらくチェックするのはやめたほうがいいかもしれませんね。

私は星占いとかはめったに見ないのですが、それでもたまに見ることがあるんですね。

今日の運勢がいいと「あっ、いいじゃん♪」ってうれしくなるけれど、悪いときも、実際、特別なことはなくて、いつものように楽しいし、悪いことも起きない。

要するに、その日の運勢がよかろうが悪かろうが、いつも通りだという……。

それでも気になってしまうのでしょう。

だったら、嫌な気分になるようなものは見ないように、と思うんですね。

一九九九年は過ぎましたが、何も起こりませんでした

私が子どもの頃、「一九九九年に地球は滅びて、みんな死んでしまう」といわれていました。私も仲間たちも、「あと何年だね」といいあっていたのですが、一人さんだけは違いました。すずしい顔をして「大丈夫だよ、何も起きないから」というのです。

理由をたずねたところ、茶目っ気たっぷりの笑顔でこういいました。

「だって、オレが生きてるもん。オレがいる場所で、そういうことは起こらない」

さすが、わが師匠。根拠のない自信たっぷり――と、私たちは笑ってしまったのですが、同時に、なんでかわからないけれど、「大丈夫！　何も起きない」という確信がもてました。

それで、やっぱり、一九九九年になっても何も起こらなかったんですね。

ところで、先ほど一人さんのことを「根拠のない自信たっぷり」といいましたが、一人さんが自信たっぷりに「起こらない」といったのには一人さんなりの理由があるのです。それは……。

聖書やなんかには「人間は神の子」と書いてあります。
神さまは人間の親なのです。
親が子どもを皆殺しにするわけがありません。
たとえ、死んでしまったとしても、魂は死なない。

その〝不幸な将来〟は絶叫マシーンです

人間には、おかしなところがあります。

心のどこかに「こわがりたい」があるのです。単調な毎日だと退屈なものだから、時々こわさを味わってエキサイトしたいのです。だから、お化け屋敷があったり、絶叫マシーンみたいなレジャーがあるのですね。

それから、テレビやなんかで、「こういう悪いことが起こります」とか、「何年後には地球は滅びる」とか予言めいたことをいう人が出てきますよね。そういう番組も、その一種です。

もちろん、大切なことを気づかせようとしてくれてはいるのですよ。でも、テレビは「視聴率ありき」だから、「エキサイトしたい」という視聴者の要望に応えなきゃいけないのです。

なので、必要以上に深刻にならないほうがいいですよ。

悪夢は「もっと、しあわせ」の前兆です

病気になったとき、「自分はからだを粗末にあつかってきた。これからは大事にしよう」と学べば、からだはよくなります。

こんなふうに、人は生きている間にいろいろな経験をして学び、もっとしあわせな人間になっていきます。

ただし、私たちが経験し学ぶのは、現実の世界だけではありません。

夢のなかでもいろいろな経験をします。現実の世界で経験したことがないことも経験し、学びます。

たとえば、人にボコボコ殴られる夢を見ると、現実の世界でボコボコにされたことがなくても、その痛みがわかります。わかれば、この先、人を

ボコボコするようなことはしません。

逆に、自分が人をボコボコにする夢を見ると、目覚めたときに嫌な気分がしますよね。

現実の世界で経験しないのに、「人をボコボコにすると、いい気分しないな」ってわかるのです。

嫌な夢って、ありがたいですね。

●取りこし苦労はしない、持ちこし苦労はしない、持ち出し苦労はしない

「何年後には石油がなくなる」とか、「何年後にはお年よりばかりになって年金がもらえない」とか。まだ、きてもいない未来のことを気に病むのを「取りこし苦労」といいます。

逆に、「あのとき、こうじゃなかったら」と、済んでしまったことをいつまでもクヨクヨ考えるのを「持ちこし苦労」といいます。

それから、「私の知り合いで、こうこうこういう状態になって、今、不幸なんです」って。人の不幸まで取り出してきて、「たいへんだ、たいへんだ」と悩む人もいます。そういうのを「持ち出し苦労」といいます。

一人さんの話によると、「自分は運がないな」と思っている人は、この三つの苦労のうち、どれかをやっているそうです。

身に覚えのある方はやめましょう。やめれば、みるみる運が開けます。

9

人生、いいことしか起きないようになっています

●子どもの将来を心配する前に、子どものいいところを見つけたほうがいいですよ

子どもの学校の成績が悪いからって、「この子の将来を考えると、心配で、心配でたまりません」と訴える親御さんがいます。

ところが、それより成績の悪い子どもをもっているのに、「それが何か問題でも？」と平気な親御さんもいるのです。なのに自分は悩んでいる。自分は損してると思いませんか？

「私は思いません」という人がいても、別にOKですけどね。

でも、一度、自分の同級生の今を見たほうがいいですよ。

学校に通っていたとき一番成績のよかった子が、今、一番出世しているかどうか。一番しあわせかどうか。

そしたら、自分が勝手に子どもの人生を難しくしているだけだって、しみじみわかりますから。

人生で一番相性の悪い者同士が出会って夫婦になる。
だから、結婚は修行だといわれます。
「もっと、しあわせ」のための修行です。
でも、結婚より大きな修行があります。
それは親子とか、身内の関係です。

親が子どもを心配するとその通りになり、「大丈夫」だというとその通りになります

私が学生だった頃、母は朝が苦手な私を心配し、「遅刻しちゃいけないから」と何回も起こしにきていました。

でも私は「わかった、わかった」というだけ。そして、母が心配した通り、私は遅刻していました。

ところが、あるとき、父が「心配するな、ほっとけ」と。「起きなくても別にいいさ。子どもだってバカじゃない。自分が困ればわかるさ」といって本当に起こしてくれなくなったのです。

おかげで、私は起きる努力をするようになりました（会社を興したとき、私が毎日出社しなくても誰も困らない体制を作ったので、今は用事がない限り「朝はのんびり」です）。

何をいいたいのかというと、親が心配せずとも子は育つ。

親の心配は、子どもの成長にとって足カセになるのです。

親が子どもをかわいそがらなければ、親子でハッピー！

昔、私があるセミナーに参加したときのことです。

「自分が子どもの頃、親にいわれて悔しかったこと、頭にきたことを吐き出しなさい」という課題が出ました。

みんなスゴイ真剣な顔で「あのとき、ああで、こうで」って。なかには、泣きながら訴えていた人も何人かいました。

ウチの子は何をやってもグズでドジで、ついてない。すごく、かわいそうな子なの——親が自分のことをそういっているのを聞いて、自分のことを「ダメな人間」だと思い込んでしまった。なんで、自分を「ついてない子」と決めつけるんだ！

などといった切ない訴えが充満するなかで、私はボー然とつっ立っているだけでした。私には親に感謝することはあっても、文句をいうようなことが一つもなかったからです。

私は小さい頃からスローでした。いったんスイッチが入るとパパっと動きますが、スイッチが入るまでに時間がかかります。でも、私は親から「早く、早く」といわれた記憶がありません。

私がうっかりお皿を割っても「お皿を増やしたのかい？」と、私のミスをジョークに変えてくれました。

高校受験で第一志望の学校に落ちたときも、「第一志望がいい学校じゃなく、おまえを入れてくれた学校がいい学校なんだよ。いい学校に行けるんだから、ついてるんだよ」って。

他のことでも私の人格を否定されたことがなく、「ウチの子はこれができなくて、かわいそう」といわれたことも一切ない。

おかげで、私は根拠のない自信をもつことができ、多少のことではポキっと折れない丈夫な大人になりました。だから、思うのです。

子どもをかわいそがらずに、「おまえは、ついてる子だよ」って。「なんといっていいか、わからないぐらいついてる」といえばいいのになぁって。

飛行機が落ちるかもしれない、
隕石が頭にふってきてくるかもしれない……etc。
「だから危ない、心配だ」というけれど、何の必要があって?
何の必要があって隕石に頭をぶつけなきゃいけないんだ!って(笑)。
人生、自分に必要のないことは起きませんよ。

子どもを信じて裏切られて、だけど、「信じてるよ」だから、子どもは伸びるのです

一人さんは「子育てのコツは、信じてるよ」だといいます。

子どもを心配するのではなく、「信じてるよ」ということが大事だということです。

「信じてるよ」といっていても、子どもはいろんな間違いを犯すし、失敗もします。でも、子どもには「信じてるよ」です。

そうすると、子どもは「ウチの親は本気だ、本当に自分を信じてくれるんだ」と思います。

すごく安心して、自分を信じられる人間に育ちます。周りの人のことも信じることができ、人と信頼関係を結べるようになります。

それとね、人間は、本当に自分を信じてくれる人のことは裏切れないのです。「裏切らない」でなく、「裏切れない」のです。

だから、いってあげてください、「信じてるよ」って。

親は加害者、子どもは被害者ではありません

子どもが、ちゃんとした大人になるためには「両親がいなきゃいけない」とか、「子どもが大きくなるまで母親が一緒にいなきゃいけない」とか、世間の人はいろいろいいます。

それで、親が離婚してしまった子どもや、母親が働いている子どものことを「かわいそうに」といったりもします。

周りだけでなく、親自身が「ウチの子はかわいそうだな」と思ったり、「申し訳ないね」といったりすることもあるでしょう。

でも、子どもをかわいそがってはいけません。

親が一生懸命働いて子どもに食べさせて、住む家を提供しているのです。幼稚園・学校にも行かせています。

生きるのに必要なものを与えられていて、天涯孤独でもないのだから

「かわいそう」ではないのです。

その子は「しあわせな子」なのです。

それに、子どもは大人が思っている以上に強いのです。

たとえば、戦争中、子どもたちは大人に「竹やりで敵を突くんだよ」と教わり、本気で竹やりの練習をしていました。「欲しがりません、勝つまでは」ともいっていました。

ところが、戦争が終るや、竹やりを捨てて「よかった」と喜び、外国人に「ギブ・ミー・チョコレート」といったりしていました。それぐらい、子どもは順応性が高いのです。

なのに、親が「申し訳ない」「かわいそうに」といい続けると、子どもは「自分は被害者だ」と誤解してしまいます。そういう意識をもったまま社会に出ると、なんでもかんでも「自分は被害者だ」と思います。

こんな人生では、子どもはしあわせになれません。だから、子どもをかわいそがらないでください。

お母さんはしあわせで、子ども（あなた）がいて「もっと、しあわせ」なのです。

「社会に出たら大変なのよ」と子どもにいうけれど、じゃあ、そんなあなたはもう一回、中学校で勉強したいですか？

学校に通っているときはどんなに一生懸命勉強しても、テストの成績がよくても学校からお金はもらえません。

でも、社会に出てからは、懸命に勉強するとお給料は増えるは、出世はするはで、しかも、自分で稼いだお金は自分の判断でつかえるのです。

だから、社会に出ると、すごーくトク。

ところが、大人は学校に通っている子どもに「あんたたち、今が一番いいのよ。社会に出たらこんな大変で」「お父さん、お母さん、こんな苦労して……」とかって。

そういいながらも、「もう一回、中学に行くのは嫌だ」とおっしゃるのですね、大人たちは。

ウソつきとは申しませんが、事実と違うことをいうのはマズイのではないでしょうか。
子どもが社会に出るのを怖がってしまいます。

子どもには「大人っていいよ、仕事って楽しいよ」といってあげてください。

そうすると、仕事好きな大人に育ちます。

「自分が年をとったら、年金が心配」というけれど、年金は元々なかったものなのです

「自分が年をとった頃は、年金がもらえないかもしれない」と心配している人もいるでしょう。その気持ちは、よくわかります。

でも、昔は年金制度自体ありませんでした。そのときはそのときで、結構、みんな楽しく生きていたのです。

「そんなこといわれても気休めにもならない」と、いいたい人もいるでしょうけれど。

いくら考えても、どうにもならないことはどうにもならないのです。

そんなことをいってる時間と労力があるのなら、本気で老後を心配しているのなら、今から、死ぬまで働けるように健康づくりをやって、一生懸命働いてお金をコツコツためたほうがいいかなって、私は思いますけれど。

どっちが楽でどっちがトクか、一度、真剣に考えたいですね。

「日本はどんどん悪くなっている」って、本当ですか?

政治家や官僚が起こした事件がニュースになる度に、私は「日本はよくなってるなぁ」と思います。だって、昔はニュースになることすらなかったのですよ。

明治の頃、お酒を飲むと人格が一変する政治家がいました。酔っ払って仲間をピストルで脅したとか、泥酔して帰宅した際に「出迎えが遅い」という理由で奥さんを斬殺したというウワサのあった人です。

でも、その人は長く要職についていました。

今はウワサが立った時点でマスコミも国会も大騒ぎでしょ?

職を解かれるか、離党するか、いずれにしろ表舞台からは消えますよね。

江戸時代、武士は「切り捨てごめん」でした。
庶民は武士に切られても文句一ついえなかったのです。
戦国時代は日本人同士、殺し合いをしていました。

考えてみたら、今の日本は、素晴らしくよくなっているんじゃないのかな……。

「このまま行くと地球がダメになっちゃう」って、このまま行かないのです

三〇年ぐらい前、世間では「あと一〇年すれば石油がなくなる」といわれていました。でも、今も車は走っています。

トウモロコシやサトウキビでつくった、地球にやさしい燃料・バイオエタノールもあります。電気自動車や水素自動車も研究が進み、実際に街を走りはじめています。

それから、「二一世紀には、食糧がなくなって日本人の半分は飢え死にする」みたいなことをいっていました。だけど、日本は年々肥満人口が増えていて、みんなダイエットしています。

世界には「砂漠を緑化しよう」と活動している人がいるし、環境の悪いところでも育つ稲を研究している人だっています。

「このまま行くとダメになる」「絶滅だ」というけれど、人間はバカじゃない。対策を練りますから、このまま行かないのです。

一年後はもっとよくなる、二二世紀はさらによくなるのです

以前は、世界じゅうで戦争をしていました。一つ戦争があると、何十万、何百万と人が亡くなりました。戦争で勝った国は、負けた国に対して略奪、殺戮、強姦、なんでもありでした。

今、世界でテロが起きていますが、戦争はありません。しかもテロによって年間どれぐらいの死者が出るかというと、日本で一年間に交通事故で亡くなる人の数より少ないのです。前の戦争のときより、ずっとマシです。

地球温暖化が問題になっていますが、温暖化対策を考えている研究者もいるし、一般市民のなかにもエコバックで買物をしたり、害の少ない洗剤をつかったりと、みんな地球のために一生懸命やりはじめています。

人類はいろんな経験をして学び、成長してきたのです。人は利口にはなれてもバカになれません。この先、もっと、もっとよくなります。

自分を不幸にするために全力をかたむけていて、いいの？

あなたは必要以上に未来《あす》を心配していますが、一年前にあなたが心配したことが起きましたか？

何より、一年前に自分がどんなことを心配していたか、何に不安がっていたか、あなたは覚えていますか？

たぶん、たいていの人は覚えていないでしょう。心配や不安なんて、その程度のものなのです。その程度のことに、あなたは頭をつかい、エネルギーをつかい、心を痛めているのです。

苦労することに全力をかたむけて、自分を不幸に陥れているのです。

そんなことは、もう、やめましょう。もっと、しあわせになることを考えましょう。

あなたがしあわせになるために、その頭、手足、能力を神さまがさずけてくださったのです。正しくつかいましょう。

人生、いいことしか起きないようになっています。わけがわからなくても、いいことしか起きない！

世間の人は「人生には、いいこともあれば、悪いこともある」といいます。でも、一人さんはこういうのです。

「人生、いいことしか起きない」

私もそう思っているし、実際、いいことしか起きていません。

それから、信じられないでしょうが、今、「困ったことが起きている」と思っているあなたにも、実はいいことしか起きないのです。

「そんなバカな！」と思うでしょう。

でも、「ヒドイ目にあっている」といっている人を催眠状態にして潜在意識に「今、あなたの人生どんな感じですか？」と問いかけると、

「とても、うまく行っています」

そんなふうに答えるのだそうです。


あなたの意識は気づいていないけれど、潜在意識では目の前に起きた出来事が「もっと、しあわせ」につながる〝学び〟だということを知っているんですね。


潜在意識うんぬんの話は、別に信じなくても結構です。

なんで、その出来事がいいことなのか、今は理解できなくてもかまいません。無理に理解しようとすらしなくていい。

「これは人間の理解を超えた、最高にいいことなんだ」とかいいながら、足元のことをコツコツ、コツコツやっていれば、いつか必ずわかりますから。

「やっぱり、あの出来事はいいことだったんだな」と、しみじみ思える日が絶対に訪れます。


だから、心配しなくていいですよ。

私だけ、「イヤなこと何も起きていない」のではないのです。
よくよく考えると、いろんなことが起きているけれど、
いつもポ～ン、ポ～ンって、すり抜けていただけで。
要するに、受け流す、という（笑）。

10

「今より、もっと、しあわせ」になるコツ

そろそろ本当のことをいいましょう。「苦労をよそう、よそう」と努力する必要はありません

苦労をやめるポイントをいくつかお話してきました。

一瞬でも苦労から解放された人もいれば、「いやぁ、まだまだ」という人もいるかと思いますが、これから一人さんから教わった〝とっておきの話〟をご紹介したいと思います。

それは「人生楽らくセラピー」の真髄、誰でも今すぐカンタンに「もっと、しあわせ」になるコツです。

しあわせな人生だと、苦労のしようがありません。なぜかというと、しあわせなのですから（笑）。

苦労から一時解放された人も、そうでない人も、ぜひ、このコツを実践してみてくださいね。

「心が大切だ」というけれど、その前に〝見た目〟を大事にしてください

「もっと、しあわせになろう」としたら、たいていの人は周りを変えるか、自分の中身を変えようとするでしょう。

自分にも周りにも無理なく変えられるのならば、そうしてもかまいませんが、たいがいは難しいですよね。

難しいことは成功率が低いと相場が決まっておりますので、「人生楽らくセラピー」ではそんなことはしません。誰にでもカンタンにできる方法で「もっと、しあわせ」を目指します。

それはどんな方法ですか、って?

まず、自分の外身、〝見た目〟を変えます。

ちなみに、私がヒマな喫茶店をやっていた頃、一人さんから一番最初に教わったのは〝見た目〟を変えることでした。

●「もっと、しあわせ」の第一歩は、顔のつやです

一人さんと出会った当初、私は一人さんにこんなことを教わりました。

「顔が貧相でしあわせになることはできないし、福相で不幸になることはできないよ」

以来、私はずっと福相でいようと心がけています。

「心がけで顔が福相になるわけがないでしょ」と思った人がいるかもしれませんが、実は笑ってしまうぐらいカンタンです。誰でも、今すぐ福相になれます。

☆**まず、オイル（化粧用）を用意してください。天然のものなら、オリーブオイルでもスクワランオイルでも、なんでもかまいません。**

☆用意したら、「ちょっと多いかな」と思うぐらいの量のオイルを手のひらにとり、顔にぬります。

☆ぬり終えたら、顔を鏡で見てください。つやつやな顔になっていませんか？　つやつやになっていればＯＫ。福相のできあがりです。

人相というと、世間の人はホクロの位置がどうだ、耳がどうだ、鼻がどうだといいますが、そんな細かいことはどうでもいいのです。

大事なのは顔のつや。

「福相は顔のつや、この一点なんだよ」

一人さんはそういっています。

※顔のつやだしについて詳しく知りたい方は拙著『斎藤一人　一五分間ハッピーラッキー』（三笠書房）を参考になさってください。

●「似合わないことは起こらない」という法則があります。苦労・不幸が似合わない格好をしましょう

一人さんの話によると、「似合わないことは起こらない」という法則があるのだそうです。

要するに、不幸や苦労が似合わない格好をすると、そういうことは起こらない。

「もっと、しあわせ」になれるよ、ということです。

☆**不幸や苦労が似合わない格好とは何かというと、まず明るい色の洋服を着ることと、キラキラ光るアクセサリーを身につけること。**

☆それから、髪にもつやを出し、靴はきちんと磨いたピカピカのものをはきます。

こういうふうに明るくて華やかで輝きのある格好をして、顔がつやつやの人は、どう見ても「しあわせそうだなぁ」としか思えません。

苦労や不幸はまったく似合わないのです。

似合わないことは起きないのだから、しあわせなんですよ。

「ウソだ」と思うのなら、一度、試してみてください。

●アクセサリーは周囲に光を放つためのアイテムです。本物でなくてもかまいません

「ウチはお金持ではないので、キラキラ光るアクセサリーが買えません」とおっしゃる方がいますが、そんな宝石みたいな高価なものを身につける必要はありません。

重要なのは、キラキラ光るものを身につけることです。

☆キラキラ輝いていれば、イミテーションでOKですよ。ただし、自分が「これがいいな」と思ったものより、少し大きめのものを選ぶようにしましょう。小さいと輝きが見えませんからね。

☆男性の場合、職場でキラキラアクセサリーを身につけるのが難しいでしょう。

でも、ネクタイピンや携帯電話にちょこっと光るものをつけるなど、エ

夫してみると楽しいですよ。

もちろん、通勤途中やオフのときだけ、キラキラを身につけるのもＯＫです。

顔がつやつやで、キラキラのアクセサリーをつけた自分を
鏡で見てみてください。
鏡に映ったあなたの姿が、あなたを「もっと、しあわせ」へ
導いてくれますよ。

「しあわせとは……」って、難しいことをいったり、考えないほうがいいですね

私は今、会社経営者と、もう一つハッピースピリチュアル・メイクアップアドバイザーという肩書きをもっています。

ハッピースピリチュアル・メイクアップアドバイザーとは、一人さんから教わった福相の作り方と私が独学で学んだメイクを合体させた、「開運メイク」をアドバイスする仕事です。

今まで、数えきれないほどたくさんの方に「開運メイク」を伝授させていただきました。そして、私はたくさんの〝小さな奇跡〟に立ち会わせていただくことができました。

「開運メイク」をする前は、みなさん、職場の人間関係や家庭のことなど、うまく行かないことがあって苦労を抱えています。

ところが、「開運メイク」で顔がつやつやになり、キレイになると、み

なさんウキウキして苦労を忘れてしまうのです。

「ダンナのことを考えるといつも憂うつになっていたけれど、もう、どうでもよくなっちゃった（笑）」

と笑顔でおっしゃいます。それで、私はこういうんです。

「今のその気持ちが、しあわせなんですよ」と。

何をいいたいのかというと、「しあわせ」とはモノでもなければ、悟りでもなくて、ただの気分なのです。

気分が明るく、ウキウキしていればしあわせ。

多少気にいらないことがあっても、うまく行かないことがあっても、そんなこと忘れるぐらいウキウキしてしまえば、「そんなこと、どうでもいいや」ということになってしまいます。

だから、「開運メイク」でも、顔のつやだしでもキラキラのアクセサリーでもなんでも、気分が明るくウキウキすることをすればいいのです。
※「開運メイク」について詳しく知りたい方は拙著『ハッピーラッキー　魔法のメイク』（マキノ出版）を参考になさってください。

国会の過半数をとれば政権与党。法案も可決成立。

しあわせもそれと同じです。

苦労に注目している時間より、明るくウキウキしている時間が

五分でも一〇分でも長ければ、しあわせな人生です。

〝我〟を消し去るのではなく、自分を磨くのです

「もっと、しあわせ」になる方法には、〝見た目〟を変えるほかに、「人のしあわせを念じる」というものがあります。

「あなたに、すべてのよきことが、なだれのごとく起きます！」

この言葉を、すれ違う人にも、誰にでも、心のなかで唱えるのです。

人のしあわせを願っている人に、苦労や不幸は似合いません。似合わないということは起きない、ということですね。

あと、人のしあわせを念じていると、なぜか福相になります。

信じたくない人は無理して信じなくて結構ですが、私を含め、一人さんの弟子たちは、みんなこの不思議な現象を経験しています。

11

人は、しあわせのほうへ向いたと同時に「しあわせ」です

ついてる、うれしい、楽しい、感謝してます、しあわせ、ありがとう、許します

言葉には不思議な力があります。口にした言葉、書いた言葉が、その通りの現実を引き寄せるというのです。

そんな言葉の力を、言霊（ことだま）といいます。

私たち人間は、この言霊の力でもって、人生をしあわせにすることも、不幸にすることもできます。

たとえば、ついてない、不平・不満、グチ・泣言、悪口・文句、心配ごと、許せない——こういう、自分も周りもドヨ〜ンと暗く落ち込ませる言葉を「地獄言葉」といいます。

地獄言葉を口にすると、また地獄言葉をいいたくなってしまうようなことが起きます。

ホントですか？　って、本当です。

試しに、会社で上司の悪口をいってみてください。確実に上司から嫌われて、ガツンとやられますから。

でも、地獄言葉の作用を検証するために、自分が痛い思いをするのはバカバカしいですよね。

地獄言葉をいうよりも、「もっと、しあわせ」になる言葉をつかったほうがいいです。

ついてる、うれしい、楽しい、感謝してます、しあわせ、ありがとう、許します――これらは「天国言葉」といいます。

天国言葉とは、自分も周りも気分よく、楽しくなる言葉です。

天国言葉を口にしていると、また、天国言葉をいいたくなってしまうようなことが起きます。

できるだけたくさん、天国言葉をいうようにしましょう。

心配はよくないけれど、少しは気をつかったほうがいいですね

植物でも動物でも、毒をもっている生き物がありますよね。実は、人間もそうなのです。地獄言葉という毒をもっています。その言葉を口にすることで、周りに毒をまくことがあるのです。

「そんな、まさか」と思ったでしょう。私も一人さんからこの話を聞いたときは驚きました。でも、実際にこんなことがあるのです。

ぜんそくの子どもをもつ親御さんたちに「あなたの親か、おじいさん、おばあさんで、人のことを息もつけないほどに怒鳴りつける人がいなかった？」と聞くと、大半は「いるいる」と答えます。

人にガガガァーっと文句をいって吐き出した毒が、周りまわって次代の子どもにぜんそくという形で出てくるんですね。

それから、私の仲間のエミちゃん（一人さんの弟子の柴村恵美子さん）が、

会社のスタッフに「ウチのネコの具合が悪くなって病院で診てもらったのですが、原因がわからないんです」と相談を受けたそうなんです。

それで、エミちゃんが「ネコちゃんに何かよくない言葉をいっていない？」とたずねたところ、そのスタッフは「毎日ネコにグチをこぼしていました」って。

でも、エミちゃんに「天国言葉をネコちゃんにかけてあげてね」といわれ、その通りにしてみたら、ネコちゃんはメキメキ元気になったそうです。

私は「人が吐いた毒でからだの具合が悪くなる」と信じていますが、信じたくない人は信じなくても結構ですよ。

でも、人の地獄言葉を聞いていると、心が暗くなって、嫌な気分になりますよね。他人の地獄言葉は聞きたくないでしょう。だから、言葉には気をつけたほうがいいと思いますよ。

自分のためにも、地獄言葉は使わないほうがいいです。

あなたの地獄言葉を一番よく聞かされているのは、他の誰でもない、あなた自身ですから。

うれしいこと、楽しいことがないからこそ、天国言葉をいうのです

「うれしいことも、楽しいこともないので、『うれしい、楽しい』とはいえません」という人もいるでしょう。

でも、前にもいいましたよね。天国言葉をいうと、また天国言葉をいいたくなってしまうようなことが起きますよ、って。

だから、思ってなくてもいいのです。今、自分の周りにあるモノに向かって、天国言葉をいってみてください。

空が青いな、うれしいな。

花が咲いてる、楽しいな。

白いご飯と漬物、しあわせだなぁ。

今日も布団のなかで目が覚めて、ありがたいなぁ。よくわからないけれど、とりあえず、感謝しまーす♪

●天国言葉は、あなたに奇跡をもたらしてくれます

天国言葉を口グセにしても、宝くじの一等賞は当たりません。
テーブルからフレンチの豪華ディナーがわき出てくるわけでもないし、
風呂なしアパートが豪華マンションに変わるわけでもありません。
でも、天国言葉は、あなたに素晴らしい奇跡をもたらしてくれます。

昨日までは、道端に咲く小さな花に見向きもしなかった。
頭の上にキレイな青空があることも忘れていた。
そんな自分が、今〝小さなしあわせ〟の種を拾い集めています。

お尻が床から一〇㎝上に浮かんでいる写真とか見て、感心してはいけませんよ

奇跡とは、考えられないようなことです。

でも、まったく起こりえないことは奇跡と呼べません。

たとえば、小さくて、力の弱い草の芽が、アスファルトを突き抜けている。これが奇跡です。

こういう〝小さな奇跡〟を、心が明るく、ほんわかするような奇跡を見て喜んでください。

そうすると、どんどん、どんどん、「もっと、しあわせ」になりますよ。

地獄言葉を口にしたら、天国言葉で浄化しましょう

ごくごくまれですが、私もグチをいいたくなるような出来事に遭遇します。そんなとき、心のなかに思いをためておくと苦しくなってくるので、私は「神さま、ゴメンなさい」といって、ちょっと吐き出させてもらっています。

それから、人間はうっかり者です。自分でも気がつかないうちに地獄言葉を口にしていることがあります。

もちろん、私も例外ではありません。

「言葉に気をつけよう」と思っていても、「あぁ〜、疲れた」とか、「おもしろくないな」とか、つい地獄言葉が出てしまうことがあります。

地獄言葉をいいっ放しにしていると周りに毒が充満してしまいますよね。

そこで私は、地獄言葉をいったあとは、すぐ天国言葉をいうようにしています。

なぜかというと、「天国言葉には毒を浄化する力があるんだよ」と一人さんから教わっているからです。

地獄言葉の毒でからだの具合が悪くなった場合も、天国言葉をたくさんいうといいですよ。

毒が浄化されて快方へ向かいますからね。

ぜひ、試してみてください。

あなたのしあわせのために、世界で一番頑晴ってくれている人は誰ですか？

あなた以上に、あなたのしあわせのために頑晴ってくれる人は世の中にいません。

だから、自分に感謝してください。

鏡のなかにいる自分に「ありがとう」といってあげましょう。

人に「ありがとう」というときは、ちゃんと相手の顔を見ていわないと感謝が伝わりませんよね。

なので、自分に「ありがとう」をいうときも、ちゃんと自分の顔を見ていってみてください。

そうすると、不思議と笑えます。

その笑顔が、つきを呼びます。

●どこまで行っても、自分を許すしかありません

たとえ、あなたが地獄言葉を口にしたとしても、自分のことを嫌いにならないでください。

思っていなくても構わないから、この言葉を唱えてください。

「自分を許します」

それでも自分が、嫌で嫌でしかたがないのなら、こういってください。

「自分を許せない自分を許します」

そうやって、どこまでも、どこまでも「自分を許します」といいます。

すると、やがて魂が根負けします。

自分も、周りにいる人も、そしてあなたが許せない世の中も、自然と許せるようになっていきます。

嫌なことを利用すると「もっと、しあわせ」が加速します

松下幸之助さんが、水上バスみたいな船に乗っていたときのことです。

突然、船がゆれ出しました。

そのとき、船べりを歩いていた船員がバランスを失い、近くにいた松下さんをつかんだのです。松下さんは巻き添えをくって海へ落ちてしまいました。

泳げない松下さんは周りにいた人に助けられました。そして、「自分は運の強い人間だ」、「ついてる」といったそうです。

その松下さんは、後に日本一の企業家になりました。

何をいいたいのかというと、「ついてる」という言葉のすごさです。

「ついてる」という言葉の開運パワーは最強なのです。

とくに効き目があるのは、「こんな目にあって、ついてないな」と普通の人なら思うときです。

このとき、「ついてる」という言葉を口にすると、次から次へと「ついてる」といいたくなることが起きますよ。

ため息のあとに「いい気持ちだなぁ」というと、
おかしくなって笑っちゃう。
はぁ～、いい気持ちだなぁ……。

「何がついてるの？」って、想像できないぐらいついてる！

ついてる理由なんて、本当はどうでもいいのです。

はじめに言葉ありき、です。


ただ、「ついてる」といえばいいのです。


「えー、でも、どうしても『ついてる』っていえません」というのなら、別にいいですよ。

でも、「嫌なことばっかり起きて、もうヤンなっちゃうな」といったと同時に、ドツボにはまりますよ。

また「ヤンなっちゃうな」といいたくなってしまうことが、次から次へと起きてしまいますから。

12

楽しくてラクなほうを選びましょう！

生きている以上、人は何かをしなくてはなりません。これは万人に共通する〝定め〟です

顔につやがあるといいよ。キラキラ光るものを身につけるといいよ。天国言葉を口グセにしようね。そうすると、「もっと、しあわせ」になれますよ——私はそういいます。

でも、それだけやってて、ご飯を食べなかったら餓死してしまいますよね。それって、悲しいことでしょう?

これは、すごく極端な例ですけれど。

でも、本当に顔のつやとかキラキラ、天国言葉だけやっていればいいわけではなくて、他にも何かをしなきゃいけないのです。

●楽しくてラクな道が正解です

他にも何かしなきゃいけないって、何だろう？
この問いの答えは、人さまざまです。
今、置かれている状況はみんな違うし、それぞれ生きる定めが違うからです。
ただ、一つだけ、私にアドバイスできることがあります。

それは何かというと、楽しくてラクな道を選ぶ、ということです。

どちらが楽しくてラクな道か、考えてみてください

季節は秋。コツコツ冬じたくを進めるアリさん。

「ラクして生きたほうがいいよ」と遊んでばかりいるキリギリスさん。

本当に楽しくてラクなのは、どちらですか？

仲間と山に遊びにきているのに、「自分は本当は海がよかったのに」「山菜料理は食べたくない」とブツブツいっている人。

本当は海に行きたかったけれど、あきらめて山の楽しさを見つけ、山のおいしさを味わおうとしている人。

本当に楽しくてラクなのは、どちらですか？

納豆ご飯に「なんだ、こんなもの」とケチをつけてハシをつけない人。「おいしいね」といいながら食べる人。

本当に楽しくてラクなのは、どちらですか？

日が沈み、部屋が暗くなったので、自分が率先して明かりをともす人。周りの人が明かりをつけてくれると期待して、自分は「暗い、暗い」と文句をいいながら明かりがつくのを待っているだけの人。

本当に楽しくてラクなのは、どちらですか？

いろんな意見があると思いますが、キリギリスさんは、あとでつらい目に合いますよね。だから私はアリさんのほうが楽しくてラク。山にきたら山の楽しさを見つけたほうが楽しくてラク。

納豆ご飯を「おいしいね」といいながら食べて、暗くなったら自分が明かりをつけたほうが楽しくてラクだと思っています。

でも、私は「あなたも、絶対にこの考え、こういう生き方じゃないとダメなんだよ」と強制するつもりはありません。なぜなら、あなたは私ではないし、私はあなたではない。それで、人は人を変えられないのです。

変えられないものを変えようとしたとき、変えようとした本人も、その相手もお互い、ものすごい苦労を味わうことになっています。

だから、私は自分が楽しくてラクだと思うほうを選びます。

不器用にガンガンぶつかって生きるのも、
波乱万丈のドラマがあっていいのかなと思いますけれど……。
でも、よけられるものは、よけたほうがいいかな？
自分のためにも、みんなのためにも、それがいい。

●「楽しい」を抜いて「ラクだけ」だと残念賞です

たとえば、お客さんに喜ばれること、「ありがとう」といわれることをやっていれば、仕事はうまく行くようになっています。

だから、まず「お客さんに喜ばれることは何かな？」と考えて、それをやることが大事です。ただし、仕事はボランティアではありません。「どうやったら利益が出るか」も考えないといけません。

「ふむ、大変ですね」って、大変ではありません。この二つを同時に考えながら仕事をするから、「仕事は楽しい」のです。

商人が一瞬でも「もうからなくていい」というナマケ心をもつと、「もうからない仕事は楽しくない！」ということが、しみじみわかる修行がやってきます。

仕事以外でも「楽しい」を抜かないで「楽しくてラク」が正解ですよ。

●「自分に厳しく、人にやさしい」を目標にするのは自由ですが、成功確率は低いですね

自分に厳しくても、周りにその厳しさを押し付けないのなら、とってもいいのです。すごいいい人で、人気者だと思います。

でも、そういう人は世間にめったにいません。めったにいない、ということは、ほぼいない。

それぐらい、「自分に厳しく、人にやさしい」は難しいのです。

だから、たいていは自分に厳しい人は、人にも厳しくなっちゃう。それで、周りから「うーん、あの人は、ちょっと……」と思われてしまう。

自分も苦しんでしまうんですね。

だから私は、「自分にゆるくて人にもゆるいって、いいよ」というのです。

自分に厳しくて人にも厳しい人よりも、ずっと好かれて楽しいし、ラクですよ。

「豊かな者はさらに与えられる」って、顔と言葉です

「豊かな者はさらに与えられ、貧しい者はさらに奪われる」――これはイエス・キリストが残した言葉です。

この言葉に「心」と「しあわせ」を加えてみます。

心が豊かな者はさらにしあわせを与えられ、心が貧しい者はさらにしあわせを奪われる。

じゃあ、心の豊かさってなんですか？

周りがどうあれ、自分だけは笑顔でいよう、天国言葉を話そう。自分も周りの人も気持ちが明るく、楽しくなるような言葉を口にしよう。これが心の豊かさです。

周りの人や環境に流されて沈んだ顔になったり、嫌な気分になる言葉をしゃべっていると、今もっているしあわせですら奪われてしまいます。

宇宙の中心で愛を叫ぶ。宇宙の中心だもの、想像できないぐらい大きな愛ですよ

カーナビって、すごく便利ですよね。道を知らなくても、カーナビが示すルートを走っていれば目的地に行けるでしょ。

万が一、ルートからそれてしまっても、カーナビは「ルートを外れました」と教えてくれます。だから、その声に気づいて、ちゃんとルートへのっかればいいんですね。そうすれば目的地へ行けます。

でも、カーナビの声に気づかずに走っていると、とんでもない場所に着いてしまいます。だから、どんなに便利で助かるものでも、使う人がどう使うかが肝心で……。

何をいいたいのかというと、「人生もそうなんだ」って。

人間は完璧ではないから、自分が気づかないまま間違いをおかすことがあります。

そんなときは、宇宙の中心にあるナビが必ず「あなた、間違っていますよ。しあわせは、こっちだよ」と教えてくれています。

そのナビのことを、人は神さまといったりします。

ただし、神さまは声で間違いを伝えることができません。職場で何か問題が起こるとか、人間関係でトラブルが起こるとか、そういう現象として間違いを教えてくれるのです。それは神さまの愛です。

人間を困らせようとして、その問題を出しているのではありません。

それを「わぁ、嫌だ」「困った、困った」といってしまうのは、神さまの愛に対して「嫌だ」「困った」といっていることと同じです。元々の間違いプラス神さまの愛を否定・拒否したということで、ダブルペケです。

でも、神さまはやさしいうえに、気長です。「私の声が聞きづらかったんだ、ごめんね」といって、前より刺激の増した問題を出して「こっちだよ」と教えてくれます。それでもダメなら刺激三倍、ダメなら刺激九倍……エンドレスで教えてくれます。

どうすれば「楽しくてラク」か、もう、おわかりですよね。

●「困ったことが起きた」と思ったときは、「これでよくなる、だからよくなる、さらによくなる」

私が会社経営をはじめたとき、一人さんから〝小さな奇跡を起こす魔法の言葉〟を教えてもらいました。

それが「これでよくなる、だからよくなる、さらによくなる」です。

何かうまく行かないことがあったときは、まず、この言葉を口にしてみてください。

どんな奇跡が起こるかは、やってみてからのお楽しみ！

ということで……。

お客さんがこないのに「自分はこの味に自信をもっていますから！」と頑張ってもね……

私は「勝ち負け」という言葉があまり好きではありませんが、実際、仕事などでは勝ち負けが出てしまいますよね。

でも、負けることは悪いことではありません。

「うまく行っている人から成功のヒントをもらうと、うまく行くよ」と、神さまが教えてくれているだけですから。

それで、教わって実践すれば、どんどんよくなるのです。

よくないのは、自分を変えないこと。

「自分はこのやり方で行くんです」と頑張っちゃうことです。

だから、「頑張る」とは、頑固に意地を張るということ。

頑張って自分を変えずにいたら何も変わりません。

前よりも刺激的な神の愛が続くだけです。

横歩きをしても、横に行きません。おいおい上がっていきましょう

たとえば、ハイハイしかできなかった赤ちゃんがつかまり立ちをする、つかまり立ちしてたのがヨチヨチ歩く。

そうすると、親は喜びます。

でも、五体満足で生まれたのに、二〇歳を過ぎてもまだヨチヨチ歩きしかしなかったら大変なことになりますよね。

それと同じで、「現状維持でいいんだ、今までやってきたことをそのまま続ければいいんだ」と横歩きしていると、運気が下がります。

横歩きは現状維持ではないのです。衰退です。

だから、常に〝一つ上〟を目指す。仕事でも、人間関係でもそうです。自分の手が届く範囲の〝一つ上〟を狙うのです。

大変そうだけど、実はこれが一番「楽しくてラク」なんです。

「〝一つ上〟って何でしょう？」

舛岡はなゑにとっての〝一つ上〟と、

あなたにとっての〝一つ上〟は違います。

ただ、一ついえることは、自分の精神的なステージを上げる

ということです。

目の前に現れた嫌な人は、〝一つ上〟に行くチャンス！

一人さんはよく、こんなことをいいます。

「〝一つ上〟の勉強をしていると、必ず〝一つ上〟に行けるチャンスがくるよ」

ただし、一人さんがいう「チャンス」は、明らかに喜ばしいことだけでなく、「な、なんだこれは！」というようなことも含んだチャンスです。

たとえば、自分の目の前に嫌な人、許せない人が現れるとか。

そのときは、こうすると〝一つ上〟に行けます。

嫌な人のしあわせを祈ります。心のなかで唱えてください。

「〇〇さんの真の魂に申しあげます。あなたに、すべてのよきことが、なだれのごとく起きます」

許せない人を許します。心のなかで唱えてください。

「自分を許します。○○さんも許します。○○さんを許せない自分を許します」

そうすると、嫌な人も、許せない人も、なぜか、いなくなります。信じられないでしょうが、本当にあった話なのです。

私が会社を立ち上げて間もない頃、「うわぁ、なんだこの人は」と思った人が一名いたのです。でも、しあわせを念じてからは、その人が嫌なことをしなくなりました。

以来、私の目の前には二度と嫌な人は現れなくなりました。

それから、私の周りにいる人たちも、嫌な人にしあわせを念じ、その人を許したら、嫌な人、許せない人がいなくなったのです。

私はそのことを一人さんに報告して、理由をたずねました。そしたら、一人さんはニコニコしながらこういったんです。

「それはね、あなたが愛のある人だからだよ」

人生、逃げられないものがあります。
でも、逃げなきゃいけないものもあるのです。
たとえば、自分にボコボコする人とか……。

「因果」という言葉で自分をしばりつけないでください

原因があって結果がある。世の中で起きることはすべて原因があるんだよ、というのが因果です。たとえば、スイッチをオンにする（原因）と電気がつく（結果）。これも因果です。

自分をボコボコにする人、聞くにたえないような言葉でもって傷つける人、自分が大切にしていたものを奪う人。そういう人とめぐりあったのも因果です。記憶にはないけれど、以前、自分も誰かの命を粗末に扱ったことがあるかもしれない。前世でやったかもしれない。

それが原因で、そういう人とめぐりあってしまうことがあるのです。

でも、カン違いしないでください。「だから、ガマンしなさい」ではないのです。

即、その場から脱出しないといけません。

以前やったことがわかれば「しあわせ」ではありません。わからないまま「もっと、しあわせ」に向かってください

因果の話をすると、「自分は、いつ、どんなことをしたんだろう」と考え込んでしまう人がいます。

でも、はっきりいわせていただきます。

時間の無駄です！

原因がわかれば因果が消えるのではないのです。

因果は、「自分の命が粗末に扱われるのは、つらいな」ということがわかりさえすればいいのです。

つらさを味わって「自分はもう二度と、人の命を粗末に扱うことはしない」と思ったでしょ？

それで、もう十分です。

因果のことは考えないでください。

●逃げるが愛です

どんなに嫌なことをされても、親だから親孝行しなきゃ、兄弟だから、夫婦だから、一緒にいなきゃいけない。

そんな世間の常識なんて、どうでもいい！

人を命と思わずに平気で粗末に扱うような人間からは、離れてください。

逃げずに延々やられているということは、相手に罪を作らせているのですよ。

相手に悪い因果を作らせているのです。

次は、その相手が誰かにボコボコにされます。

あなたが逃げれば、相手を救うことができるのです。

傷に塩をなすりつけられて「ヒリヒリすると思うな」っていわれても、無理に決まってるでしょ？

自分の命が粗末に扱われているときは、「許します」という言葉は出てきません。出ないのが当たり前。

「大嫌いだ！」と思うのが正常な心理です。

でも、ずっと「あの人、大嫌い」と思っていると頭痛がすることがあります。嫌な人と会うと湿疹が出る人もいます。

嫌な人のために自分のからだの具合が悪くなるのはバカバカしい。嫌な人のことを考えるのはやめよう。そう思っても、やめられません。

傷つけられた痛みが、からだや心に残っているんだもの。相手のことを忘れられるわけがないのです。

もう頑張らなくていいですよ。その場から脱出してください。

相手から離れ、相手のことを一切考えない。青空や花などの美しいもの、楽しいことに焦点をあわせてください。

たまに思い出すことがあるかもしれませんが、そのときは、「あの人を許します。あの人を許せない自分を許します」と唱えて、心をキレイにします。

そして、焦らず、一歩、一歩しあわせの道を突き進んでください。

「生まれてきて、本当によかった」と思えるぐらい、しあわせになってください。

そしたら、すべてが解決します。

相手を憎らしく思う気持ちも、悪い因果も自然消滅します。

「あの経験があったからこそ、今、私はしあわせなんだ。ありがたいな」

つらい過去が〝人生の宝〟に変わるのです。

●「人生楽らくセラピー」の最後のレッスンです

たとえば、東京駅に行きたいとします。東京行きの電車の切符をもって電車に乗りました。

電車のなかで本を読んでいようが、居眠りしていようが、誰かとおしゃべりしていようが、時間が経てば東京駅につきますよね。

「この電車は大阪に行くんじゃないか」と不安になるのは、おかしいですよね。

みなさん、電車のことはわかるのです。ところが、自分が抱えている問題のこととなると、そうはいかないのですね。

やれることをやったら、あとは時間が解決してくれるのに「本当に大丈夫だろうか」とクヨクヨ考えたり、「どうしよう、どうしよう」とジタバタしてしまうのです。

でもね、「もっと、しあわせ」になることを、あなたは、もうやったんですよ。

そうです、あなたは、もう、しあわせ駅行きの電車に乗っているのです。

居眠りしていようが何をしようが、時間になればしあわせ駅に着きますよ。

だから、もうクヨクヨしない、ジタバタしない！

これが正解。「楽しくてラク」な道です。

到着するまでの間、流れゆく車窓の景色でも見てのんびり旅を楽しんでください。

大丈夫ですよ。
あなたは、しあわせになるために生まれてきたのですから。
あなたに、すべてのよきことが、なだれのごとく起きます！

ひとりさんとお弟子さんたちのブログについて

斎藤一人オフィシャルブログ
（一人さんご本人がやっているブログです）
https://ameblo.jp/saitou-hitori-official

お弟子さんたちのブログ

柴村恵美子さんのブログ
https://ameblo.jp/tuiteru-emiko/

舛岡はなゑさんのブログ
【ふとどきふらちな女神さま】
https://ameblo.jp/tsuki-4978/
銀座まるかん オフィスはなゑのブログ
https://ameblo.jp/hitori-myoudai-hana/

みっちゃん先生ブログ
http://mitchansensei.jugem.jp/

宮本真由美さんのブログ
https://ameblo.jp/mm4900/

千葉純一さんのブログ
https://ameblo.jp/chiba4900/

遠藤忠夫さんのブログ
https://ameblo.jp/ukon-azuki/

宇野信行さんのブログ
https://ameblo.jp/nobuyuki4499

高津りえさんのブログ
http://blog.rie-hikari.com/

おがちゃんのブログ
https://ameblo.jp/mukarayu-ogata/

楽しいお知らせ

無　　料　ひとりさんファンなら
　　　　　一生に一度はやってみたい

「大笑参り《おおわらい》」

ハンコを9個集める楽しいお参りです。
９個集めるのに約7分でできます。

場　　所：ひとりさんファンクラブ
（JR新小岩駅南口アーケード街　徒歩３分）
電　　話：03-3654-4949
年中無休（朝10時～夜7時）

≪無料≫　金運祈願　恋愛祈願　就職祈願　合格祈願
健康祈願　商売繁盛

ひとりさんファンクラブ

住　所：〒124-0024　東京都葛飾区新小岩1-54-5
ルミエール商店街アーケード内
営　業：朝10時～夜7時まで。
年中無休　電話：03-3654-4949

各地のひとりさんスポット

ひとりさん観音：瑞宝山　総林寺
住　所：北海道河東郡上士幌町字上士幌東4線247番地
電　話：01564-2-2523

ついてる鳥居：最上三十三観音第二番　山寺千手院
住　所：山形県山形市大字山寺4753
電　話：023-695-2845

観音様までの楽しいマップ

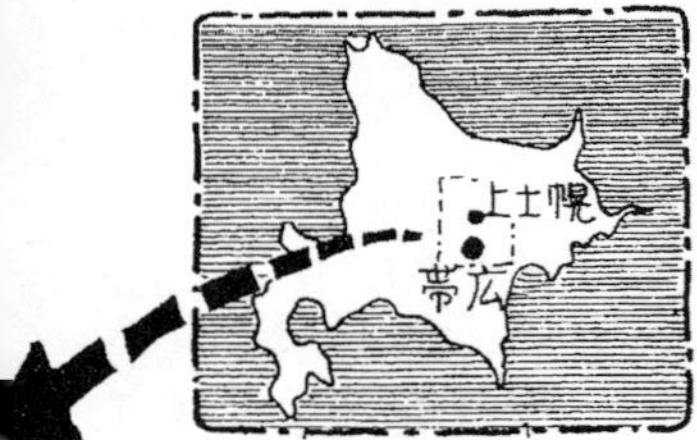

① 愛国←→幸福駅

『愛の国から幸福へ』この切符を手にすると幸せを手にするといわれスゴイ人気です。ここでとれるじゃがいも野菜・etcは幸せを呼ぶ食物かも!特にとうもろこしのとれる季節には、もぎたてをその場で茹でて売っていることもあり、あまりのおいしさに幸せを感じちゃいます。

② 十勝ワイン(池田駅)

ひとりさんは、ワイン通といわれています。そのひとりさんが大好きな十勝ワインを売っている十勝ワイン城があります

★十勝はあずきが有名で『赤い宝石』と呼ばれています。

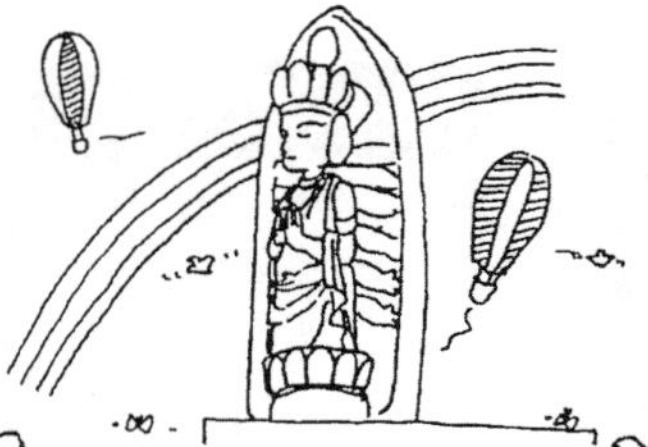

★観音様

ひとりさんの寄付により、夜になるとライトアップして、観音様がオレンジ色に浮かびあがり、幻想的です。

この観音様は、一人さんの弟子の1人である柴村恵美子さんが建立しました。

③ 上士幌

上士幌町は柴村恵美子が生まれた町。そしてバルーンの町で有名です。8月上旬になると、全国からバルーニストが大集合。様々な競技に腕を競い合います。体験試乗もできます。ひとりさんが安全に楽しく気球に乗れるようにと願いを込めて観音様の手に気球をのせています。

④ ナイタイ高原

ナイタイ高原は、日本一広く大きい牧場です。牛や馬、そして羊もたくさんいちゃうのヨ。そこから見渡す景色は雄大で感動!!の一言です。ひとりさんも好きなこの場所は行ってみる価値あり。

牧場の一番てっぺんにはロッジがあります(レストラン有)。そこで、ジンギスカン焼肉・バーベキューをしながらビールを飲むとオイシイヨ!!とってもハッピーになれちゃいます。それにソフトクリームがメチャオイシイ。2ケはいけちゃいますヨ。

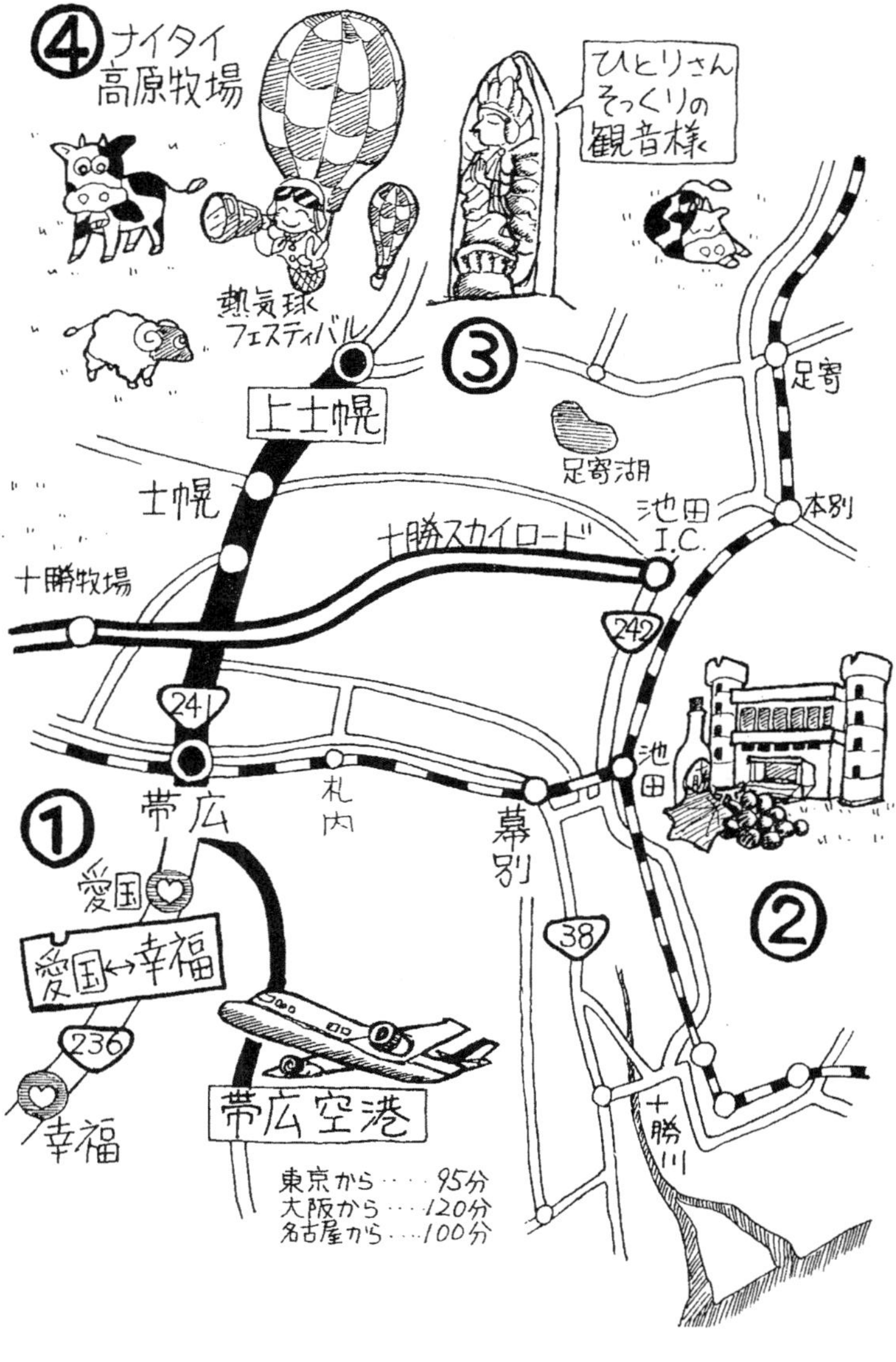
④ナイタイ高原牧場
熱気球フェスティバル
ひとりさんそっくりの観音様
③
上士幌
足寄
足寄湖
士幌
池田I.C.
本別
十勝スカイロード
十勝牧場
242
241
帯広
札内
幕別
池田
①
愛国
愛国↔幸福
236
幸福
帯広空港
38
②
十勝川
東京から……95分
大阪から……120分
名古屋から……100分

斎藤一人さんのプロフィール

東京都生まれ。実業家・著述家。ダイエット食品「スリムドカン」などのヒット商品で知られる化粧品・健康食品会社「銀座まるかん」の創設者。1993年以来、全国高額納税者番付12年間連続6位以内にランクインし、2003年には日本一になる。土地売買や株式公開などによる高額納税者が多い中、事業所得だけで多額の納税をしている人物として注目を集めた。高額納税者の発表が取りやめになった今でも、着実に業績を上げている。また、著述家としても「心の楽しさと経済的豊かさを両立させる」ための本を多数出版している。『変な人の書いた世の中のしくみ』『眼力』（ともにサンマーク出版）、『強運』『人生に成功したい人が読む本』（ともにPHP研究所）、『幸せの道』（ロングセラーズ）など著書は多数。

1993年分――第4位	1999年分――第5位
1994年分――第5位	2000年分――第5位
1995年分――第3位	2001年分――第6位
1996年分――第3位	2002年分――第2位
1997年分――第1位	2003年分――第1位
1998年分――第3位	2004年分――第4位

〈編集部注〉

読者の皆さまから、「一人さんの手がけた商品を取り扱いたいが、どこに資料請求していいかわかりません」という問合せが多数寄せられていますので、以下の資料請求先をお知らせしておきます。

フリーダイヤル 0120-497-285

本書は平成二三年一一月に弊社で出版した
書籍を改訂したものです。

斎藤一人
人生楽らくセラピー

著　者　舛岡はなゑ
発行者　真船美保子
発行所　KK ロングセラーズ
東京都新宿区高田馬場 2-1-2　〒 169-0075
電話（03）3204-5161(代)　振替 00120-7-145737
http://www.kklong.co.jp
印　刷　大日本印刷(株)
製　本　(株)難波製本

落丁・乱丁はお取り替えいたします。
※ 定価と発行日はカバーに表示してあります。
ISBN978-4-8454-5084-8　C0230　Printed In Japan 2019